"十二五"国家重点出版物出版规划项目

利比里亚的风俗与文化

[尼日利亚] 阿佑德吉·奥鲁库举 著

柴 玲 译

民主与建设出版社
·北京·

© 民主与建设出版社，2018

图书在版编目（CIP）数据

利比里亚的风俗与文化 /（尼日利亚）A. 奥鲁库举著；柴玲译 . —北京：民主与建设出版社，2018.12
ISBN 978-7-5139-0838-2

Ⅰ.①利⋯　Ⅱ.① A⋯　②柴⋯　Ⅲ.①利比里亚—概况
Ⅳ.① K944.7

中国版本图书馆 CIP 数据核字（2015）第 246242 号

Culture and Customs of Liberia
© Ayodeji Olukoju
Translated from the English Language edition of Culture and Customs of Liberia by Ayodeji Olukoju, originally published by Greenwood, an imprint of ABC-CLIO, LLC, Santa Barbara, CA, USA. Copyright © 2006 by the author(s). Translated into and published in the Simplified Chinese language by arrangement with ABC-CLIO, LLC. All rights reserved.
Simplifted Chinese edtion copyright: 2015 DEMOCRACY & CONSTRUCTION PRESS
All rights reserved.

版权登记号：01-2015-7280

利比里亚的风俗与文化
LI BI LI YA DE FENG SU YU WEN HUA

出 版 人	李声笑
著　　者	（尼日利亚）阿佑德吉·奥鲁库举
责任编辑	郭长岭
封面设计	逸品书装
出版发行	民主与建设出版社有限责任公司
电　　话	（010）59417747　59419778
社　　址	北京市海淀区西三环中路 10 号望海楼 E 座 7 层
邮　　编	100142
印　　刷	北京文昌阁彩色印刷有限责任公司
版　　次	2018 年 12 月第 1 版
印　　次	2018 年 12 月第 1 次印刷
开　　本	880 毫米 ×1230 毫米　1/32
印　　张	7.25
字　　数	156 千字
书　　号	ISBN 978-7-5139-0838-2
定　　价	42.00 元

注：如有印、装质量问题，请与出版社联系。

出版说明

中国与非洲相距遥远,但自古以来,两地人民就有了从间接到直接、从稀疏到紧密的联系,这种联系增进了两地人民的沟通与了解,为两地的发展不断发挥着作用。特别是20世纪中叶以来,因为共同的命运,中国和非洲都走上了反殖民主义革命与争取民族独立的道路,中非之间相互同情、相互支持,结下了深厚的友谊。迈入新世纪以来,随着我国经济的发展,中非经贸关系日益深入,及时了解非洲的政治、经济、法律、文化的情况当然也就具有十分重要的现实意义。

有感于此,我社组织翻译出版这套《非洲译丛》,所收书目比较全面地反映了非洲大陆的政经概貌以及过去我们很少涉及的一些重要国家的情况,涵盖多个语种,具有较强的系统性和学术性,意在填补我国对非洲研究的空白,对于相关学术单位和社会各界了解非洲,开展对非洲的研究与合作有所帮助。

译丛由北京大学、中央财经大学、浙江师范大学、湘潭大学等国内非洲研究的重镇以及国家开发银行、中非基金等单位组织,由非洲研究专家学者遴选近期国外有关非洲的政治、经济、法律等方面有较大影响、学术水准较高的论著,汇为一编,涵盖政治、经济、法律等七个方面的内容,共约100种图书。

对于出版大型丛书,我社经验颇乏,工作中肯定存在着一些不足,期待社会各界鼎力支持,共襄盛举,以期为中非合作做出贡献。

民主与建设出版社

2014年8月

目录

1 | 前言
1 | 致谢
1 | 大事年表

1 | 第一章　简介
28 | 第二章　宗教与世界观
55 | 第三章　文学与传媒
83 | 第四章　艺术、建筑与住房
106 | 第五章　饮食和传统服饰
124 | 第六章　性别角色、婚姻和家庭
145 | 第七章　社会习俗和生活方式
170 | 第八章　音乐和舞蹈

200 | 术语表
204 | 索引
214 | 关于作者

前　言

本书主要介绍利比里亚的风俗与文化，包括本土文化与外来宗教，文学与媒体，艺术与建筑，服饰与饮食，家庭、性别与婚姻，社会习俗与生活方式，音乐与舞蹈。我们主要关注利比里亚文化中生活方式与文化形式的一致性和变迁，探究变迁的原因和未来发展的方向。为数不多的美裔利比里亚人和被解放奴隶的后裔为利比里亚文化很多领域的发展做出了重要贡献，比如服饰、饮食、基督教、西式婚礼和西方文学。本土文化与外来文化的融合造就了利比里亚文明，其中影响最大的来自西方（尤其是美国）。

但许多本土元素，包括坡罗（Poro）和散蒂（Sande）这样的神秘组织，在西方文化的冲击下都保留了下来，并且在利比里亚社会的发展中依然扮演着重要的角色。20世纪80年代的政治动荡给利比里亚人民带来了巨大的创伤，政治动荡引发了被迫的人口流动，把不同的人群融合起来。冲突间接促进了文化的融合，无论是在蒙罗维亚（Monrovia）和其他城市中心地带，还是在内陆偏远地区的难民营。难民们尽管千差万别，但他们只能挤在一个狭小的空间内生活。

英语是利比里亚的通用语言，这要归功于19世纪美国在利比里亚建立了殖民地。但英语这种外来语言与本土语言达成了某种妥协，这表现为多种英语，包括标准利比里亚英语和洋泾浜英语。在利比里亚国内和海外移民聚居区，各个族群都在努力提高人们对族群的认同，但各种形式的英语依然在官方和经济事务中占据主流，尤其在政府部门和学校更是如此。鉴于利比里亚没有明显的主导族群，其语言也没有被占人口相当比例的利比里亚人所使用，这种情况还会一直持续。早期时候发现的当地手稿显示，比如瓦伊族（Vai）的手稿，伊斯兰教和西方文字促使并影响了本土文字的形成。

利比里亚的音乐同样可以证明本土和外来文化的融合。利比里亚音乐使用本土和外来乐器、歌词，是本土和外来元素的混合体，既流行于国内，也流传到国外。利比里亚不同的舞蹈形式反映了这个国家族群间的不同文化。某些舞蹈形式纯粹反映现世生活，有些舞蹈却为坡罗和散蒂这样的秘密宗教组织所独有。像音乐、语言和教育一样，利比里亚的饮食和服饰同样融合了本土元素和外来元素，西非大部分国家都是如此。城市化，尤其是利比里亚战前的城市化，促进了休闲活动和艺术的发展。在这种情境下的文化借用，可能比政治一体化更能确立利比里亚的文化认同。

不过，我们也不能过于夸大利比里亚的文化一致性，因为其文化内部的巨大差异依旧存在，而且过去二十年的政治进程还在某种程度上加强了文化差异。但是，这种文化分化已不再是那些所谓的文明殖民者和来自于内陆地区本地人之间的对立。尽管这些殖民者在1980年丧失了政权，而且他们在总人口中的比例不到5%，但他们的文化影响力依旧存在。

致　谢

本套丛书的编辑——托因·法罗拉（Toyin Falola）邀请我写作本书，我接受了这一挑战，并对有机会写作本书充满感激。也感谢不知疲倦的编辑温迪·斯卡夫（Wendi Schnaufer），感谢她对我的支持以及诸多建议，感谢她对我的写作延期一再耐心忍耐，感谢她在我的写作陷入困顿时给予的迅速反应和帮助。感谢埃佩克斯出版社（Apex Publishing）和格林伍德出版社（Greenwood Press）的琳达·埃利斯·斯蒂额文（Linda Ellis-Stiewing）对本文的编辑以及其他各种各样的帮助。

感谢那些帮助我搜集资料的朋友，他们是：北卡罗莱州大学教堂山分校（the University of North Carolina at Chapel Hill）的丽莎·琳赛（Lisa Lindsay）；弗吉利亚州诺福克（Norfolk, Va）欧道明大学（Old Dominion University）的帕特里克·穆巴杰克维（Patrick Mbajekwe）；巴尔的摩（Baltimore）摩根州立大学（Morgan State University）的耶利米·蒂化（Jeremiah Dihua）；时为哈佛大学罗兹研究员（Rhodes Fellow）的奥鲁塔由·阿德希纳（Olutayo Adesina）；阿卡德尔菲亚（Arkadelphia）亨德森州立大学（Henderson State University）的哈基姆·提贾

1

尼（Hakeem Tijani）；以及亚特兰大埃默里大学（Emory University）的克里斯汀·曼（Kristin Mann）和约翰·"塔比提"·威利斯（John "Thabiti" Willis）。没有这些好朋友的大力支持，本书写作将会困难重重。

感谢各个机构和同行们给予我不可或缺的支持，感谢他们给我提供了搜集资料和撰写草稿的便利：我所在的拉各斯大学（University of Lagos，位于尼日利亚首都拉各斯的阿扣卡—亚巴区）给我一年学术休假；亚特兰大埃默里大学非洲研究院（the Institute of African Studies）和历史系［及我热心的合作教授克里斯汀·曼（Kristin Mann）和埃德娜·贝（Edna Bay）］给我提供资助并接纳我做访问，允许我使用图书馆；德意志学术交流中心（Deutscher Akademischer Austauschdienst，缩写为DAAD）为我在德国美因茨（Mainz）的约翰内斯堡古滕贝格大学（Johannes Gutenberg Universitat）提供了三个月的研究资金。深深感谢罗兰·魏斯（Roland Weiss）博士，特别感谢托马斯·比尔申克（Thomas Bierschenk）教授，这二位为我获得研究资助提供了便利，比尔申克教授则为我在他的学院进行研究提供了担保。当时我正在进行另一项研究，但该学院图书馆丰富的藏书为本书提供了非常有价值的资料。我也得到了南卡罗莱州查尔斯顿（College of Charleston）学院阿尔法·贝阿（Alpha Bah）教授和我在乔治亚州劳伦斯维尔（Lawrenceville）的合作教授扎劳—奥克莱吉教授一家（Salau-Okelejis）——艾哈迈德（Ahmed）、阿德荣克（Aderonke）和他们的孩子们——的建议和实实在在的支持。在这里我完成了相当部分的资料搜集和撰写工作。

致 谢

像往常一样，我对家人，尤其是一如既往支持我的妻子欧默午米（Omowumi）和我们的孩子们——欧鲁瓦达米劳拉（Oluwadamilola）、欧默劳拉（Omolola）、欧瑞奥卢瓦（Oreoluwa）和欧鲁瓦塞（Oluwasey）充满感激之情，为写作此书我经常不在他们身边，感谢他们对我的宽容。最后，感谢上帝赐予我生命，并保佑我的努力得以收获成功。

大事年表

1815 年 非洲裔美国人、贵格派教徒、从事海上活动的企业家保罗·卡夫（Paul Cuffee，或 Paul Cuffe）资助并且领导了一次旅程，成功到达塞拉利昂（Sierra Leone）。在那里，他帮助了一小群非裔美国移民建造了自己的家园。

1817 年 保罗·卡夫冒险所取得的部分成功鼓励了白种殖民主义的支持者建立组织，以遣返获得自由且愿意在非洲安家的非裔美国人。

1820 年 美国殖民协会（American Colonization Society，缩写为 ACS）向塞拉利昂的歇尔布罗岛（Sherbro Island）遣送了第一批移民。

1821 年 美国殖民协会派遣其代表，伊莱·艾尔斯博士（Dr. Eli Ayres），购买了塞拉利昂北部沿海地区土地。

1822 年 歇尔布罗岛的幸存者在当年 4 月 25 日抵达梅苏拉多海角（Cape Mesurado），建立了一个定居点。

1824 年 移民们抱怨土地和给养分配不公平，随后一群武装起来的移民驱逐了美国殖民协会的代表。双方和解之后，阿什曼（Ashmun，卫理公会牧师，取代埃尔斯博士成为美国殖民协会的代表）回到这里。这个定居点最初被称作克里斯托波利斯（Christopolis），后来以美国总统詹姆斯·门罗（James Monroe）姓氏命名，改名为蒙罗维亚（Monrovia），整块殖民地则被命名为利比里亚。

1827 年 北美的蓄奴州支持建立殖民地，以摆脱获得自由的非裔美国人。这些蓄奴州控制了美国殖民协会，支持利比里亚的殖民。奴隶只有移民的情况下才能够获得自由。马里兰州、弗吉利亚州以及密西西比州在利比里亚为从前的奴隶和自由的黑人建立了殖民地。

1838 年 弗吉利亚殖民协会（Virginia Colonization Society）是一块混合殖民地，它由宾西法利亚贵格教派青年殖民协会（the Quaker Young Men's Colonization Society of Pennsylvania）组成了一块殖民地，共同建立了利比里亚联邦（the Commonwealth of Liberia）。约瑟夫·詹金斯·罗伯茨（Joseph Jenkins Roberts），一位来自弗吉利亚的商人和卓越的军事指挥官被任命为第一位副总督。1841 年总督去世，他成为这块殖民地上第一位非洲裔美国人总督。

1842 年 位于希诺河（Sinoe River）的密西西比州移民定居点加入联邦。

1846 年 美裔利比里亚人投票独立。

1847 年 7 月 26 日，利比里亚独立宣言得以通过签署。

1848 年 利比里亚宪法得到通过；前总督罗伯茨成为利比里亚第一位由选举产生的总统。

1851 年 利比里亚大学成立。

1854 年 位于大塞斯（the Grand Cess）和圣佩德罗河

(San Pedro rivers)之间的马里兰殖民地,宣布从马里兰州殖民地协会(Maryland State Colonization Society)独立出来。

1857年 马里兰殖民地成为利比里亚的一个县。

1862年 亚拉伯罕·林肯总统通过官方途径给予利比里亚外交承认。

1865年 美国内战后,来自巴巴多斯岛(Barbados)和美国的346个移民涌入利比里亚。

1868年 利比里亚政府主张对内地实施有限控制。

1869年 真辉格党成立,它从19世纪后期到1980年一直紧握国家政权。

1871年 因为高利息的银行负债丑闻,爱德华·罗伊(Edward J. Roye)总统免职。

1875年 利比里亚共和国在与格雷博族(Grebo,利比里亚南部的土著)的战争中,美国向共和国提供了海军支持。

1883年 利比里亚失去了加利纳斯(Gallinas)(以加利纳斯河命名的领土),它归属于英属塞拉利昂的殖民地。

1888年 爱德华·布莱登(Edward W. Blyden)的《基督教、伊斯兰教和黑种人》(*Christianity, Islam and the Negro Race*)出版。

1892年 法国夺取了卡维拉(Cavalla)和圣佩德罗河之间的领土。

1903年 利比里亚和英属塞拉利昂殖民地之间划分了国界线。

1904年 利比里亚政府开始间接统治内陆地区。

1919年 利比里亚签署了国际联盟(League of Nations)

盟约。

1929 年　在著名的费尔南多波丑闻中，国际联盟调查利比里亚的奴隶制和强制劳动罪。

1944 年　威廉姆森·塔布曼（William V. S. Tubman）当选利比里亚总统。

1946 年　利比里亚的土著居民获得投票权。

1958 年　利比里亚的代表人第一次参加非洲独立国家会议。

1967 年　利比里亚官员在非洲统一组织尼日利亚内战咨询委员会（the Organization of African Unity's Consultation Committee）服务。

1971 年　威廉姆森·塔布曼在任期中死去，副总统小威廉姆森·托尔伯特（William R. Tolbert Jr）继任总统。

1972 年　威廉姆森·托尔伯特正式当选为总统。

1979 年　4 月 14 日反对高价粮食的游行，演变为一场血腥暴乱。

1980 年　在一次血腥政变中，塞缪尔·卡尼翁·多伊（Samuel Kanyon Doe）和他不能获得晋升的土著同伴刺杀了托尔伯特总统。

1985 年　多伊在充满争议的选举中当选为总统。

1986 年　新宪法拉开了利比里亚第二共和国的序幕。

1989 年　查尔斯·泰勒（Charles Taylor），一位美裔利比里亚流亡者，武装入侵利比里亚，这开启了一场旷日持久的政治动荡，其特点是出现了有国外背景的、彼此竞争的武装民兵势力。

1990 年　塞缪尔·多伊总统被普林斯·耀米·约翰逊（Prince Yormie Johnson）的军队劫持并处决。

1995 年　西非国家经济共同体（The Economic Community of West African States，缩写为 ECOWAS），向饱受战争蹂躏的利比里亚派出了干预力量［被称为停火监视团（ECOMOG）］，让冲突各方休战。临时国会成立，以筹备全国大选。

1997 年　查尔斯·泰勒，这位最成功的军阀当选为利比里亚第三共和国总统。

1999 年　利比里亚内战爆发。

2003 年　查尔斯·泰勒流亡到尼日利亚，以查尔斯·久德·布赖恩特（Charles Gyude Bryant）为首的临时政府建立起来。

2005 年　10 月的总统大选开辟了第四共和国。前足球明星，乔治·维阿（George Weah）在总统大选中一路领跑，但是在最后的决胜选举中输给了埃伦·约翰逊·瑟利夫（Ellen Johnson-Sirleaf）。她是利比里亚和非洲的第一个由选举产生的女总统。

第一章 简 介

> 对自由的向往指引我来到这片热土。
> ——利比里亚民族箴言，1847

到 1997 年，利比里亚共和国这一有着独特历史的国家已经独立 150 周年了。1822 年，美国殖民协会在利比里亚为自由的非裔美国人建立了殖民地，这件事非常引人瞩目，当时美国的社会冲突导致大量移民离开美国，去另外一个大陆寻找出路。因此，这块殖民地被命名为"利比里亚"，这个词来源于拉丁文"liber"，意味着"自由"。1847 年，这些流亡者宣布他们从殖民协会独立，成立了非洲第一个共和国，并紧随海地之后成为第二个现代黑人国家。从 1847 年起，利比里亚法律规定只有非洲血统的人才能拥有国籍，因此利比里亚人的构成比较复杂，既有伊博人（Ibo）和刚果人（Congolese）的后裔——他们在 19 世纪从奴隶船上获得解放之后就定居于此；同时还有从美国、加勒比海和非洲其他地方移民过来的黑人。经历了长时间的相对和平与稳定之后，利比里亚爆发了一场野蛮的、无政府状态的内战。战争从 1989 年 12 月一直持续到

1997年7月。在国际社会的监督下,1997年7月利比里亚举行全国大选,8月新政府宣布成立,至此,高度暴力和紧张的局面才宣告结束。

尽管利比里亚作为一个独立的非洲国家已经存在多年,而且对于在殖民列强统治下的非洲人民而言象征着希望,但近些年来,自1980年军事政变以来,国家曾长时间处于动乱状态。首先,政变终结了一百多年的非土著(美裔利比里亚人)统治。其次,政变破坏了稳定的国体形象,多伊政权迅速演变成彻头彻尾的独裁专制,使国家陷入毁灭性的七年战争,战争直至1997年才结束。同时,利比里亚战争波及其他地区和国际范围,最后以西非国家经济共同体对利比里亚战争的干预为终结。其干预力量,西非国家经济共同体停火监视团在结束利比里亚内战中扮演了重要的角色。尽管西非经济共同体监督组织是地区性的,其作战人员由尼日利亚、加纳、几内亚构成,但尼日利亚承担了最多的资金和作战,其人员伤亡也首当其冲。

在耀米·约翰逊的军队俘虏且残忍杀害多伊之后,以知识分子阿莫斯·索耶(Amos Sawyer)为首的过渡政府成立,为民主选举扫清了障碍。查尔斯·钢凯·泰勒(Charles Ghankay Taylor),利比里亚全国爱国阵线(National Patriotic Front of Liberia,缩写为NPLF)领导人,实际上已经占领了整个国家,但西非国家经济共同体维和部队抢先占领了蒙罗维亚。最终,交战各方都放下了武器,利比里亚举行了全国民主选举,查尔斯·泰勒成为无可争议的胜利者,他赢得大选并组建了政府。但是,泰勒政府的执政风格和他对邻国塞拉利昂血腥战争的参与和扩张,使利比里亚再次遭遇了一轮反抗和不稳定时期。

第一章 简 介

联合国对泰勒政府参与和扩张战争的罪行进行了制裁。泰勒被指控向革命联合阵线（Revolutionary United Front，缩写为RUF）的领导人福戴·桑科（Foday Sankoh）提供物资和武器支持。而革命联合阵线手段残忍，声名狼藉，他们砍断反抗者的四肢，尤其是对手无寸铁的妇女和儿童下手；他们强奸和杀害妇女，强迫儿童加入其军队。联合国禁止利比里亚出口钻石和利比里亚政府官员出行。与此同时，正如泰勒政府当年崛起的方式一样，反对派势力控制了全国大部分地区。泰勒最终流亡到尼日利亚，但在那里他仍然将面临在塞拉利昂犯下战争罪的指控。

国土资源

利比里亚共和国位于西非向风海岸，总面积43 000平方英里，南临大西洋，西接塞拉利昂，北界几内亚（Guinea），东邻科特迪瓦（Côte D'Ivoire）。全国拥有360英里（579千米）的海岸线，与几内亚、科特迪瓦和塞拉利昂接壤的陆地国境线分别为445英里、350英里和190英里（716千米、563千米和306千米）。东北部有高低起伏的高原和矮丘，沿海是平坦或起伏的平原，武蒂维峰（Mount Wuteve）是最高峰，海拔4528英尺（1380米）。沿海沼泽的植被是红树林，内地则为草原和热带森林覆盖。该地区气候炎热潮湿；夏季经常下雨，冬季白天热、晚上冷。利比里亚有两种截然不同的季节：从11月到4月的旱季，从5月到10月的雨季。沿海地区年平均降雨量为180英寸，内地为70英寸，其中大部分降雨在4月到11月之间。

利比里亚自然资源丰富，钻石、铁矿石、木材、黄金和水资源储量巨大。根据1998年的调查评估，只有2%的土地被开发为可耕地；剩下的（超过95%）土地则有其他各种各样的用途。这些开发，尤其是刀耕火种式的农业和木材砍伐引起了森林退化、水土流失和生物多样性丧失等环境破坏问题。由于红土化是主要的成土过程，利比里亚的土壤可以生长永久性作物和耕种作物，但也容易退化和侵蚀。因此，利比里亚的自然条件更有利于永久性作物如木本作物的生长，较不利于需要精心照料来保持土壤肥力的耕种作物和牧草生长。

民 族

利比里亚是一个多民族国家，其语言包括各种土著语言和英语。全国总人口3 288 198人（2002年人口普查），土著居民占总人口的95%，来自新世界、定居利比里亚的奴隶后裔刚果人，仅占总人口的2%。土著民族包括巴萨族（Bassa）、吉奥族（Gio）、克佩尔族（Kpelle）、瓦伊族（Vai）、洛马族（Loma）、基西族（Kissi）、戈拉族（Gola）、格班迪族（Gbandi）、德伊族（Dei）、克兰族（Krahn）、贝尔族（Belle）、门迪族（Mende）、曼丁哥族（Mandingo）、格雷博族（Grebo）、马诺族（Mano）和克鲁族（Kru）。克鲁族是一个有名的海洋民族，直到20世纪中叶，他们还为欧洲船只提供了大量劳动力。利比里亚最早的居民是戈拉族、克佩尔族、洛马族、格班迪族、门迪族和马诺族。这些民族早在公元前

6000年就已经居住在这片土地上了。到16世纪,其他一些民族从现在的科特迪瓦向东迁移,这其中包括克鲁族、巴萨族、德伊族和格雷博族。接下来的几个世纪中,还有一些民族从北方迁移到如今的利比里亚境内,瓦伊族和曼丁哥族就属于这一类型。第四批到达者是美裔利比里亚人,他们是从新世界(美国和加勒比海地区)迁徙而来的被解放的奴隶或其后裔。还有刚果人,他们可能是从刚果盆地过来,这批人在离开刚果前就已经获得自由。刚果人是从附近区域移民而来,与美裔利比里亚人不同,他们从未成为新世界的奴隶。

语　言

利比里亚位于四大西非语族的交汇处,尚在使用中的土著语言多达20种,而且这些语言大多还有各种方言。其中,克兰语主要有两种:东克兰语和西克兰语。西克兰语在科特迪瓦部分地区和利比里亚使用。根据1991年和1993年的调查,讲西克兰语的人中,利比里亚约有47 800人,科特迪瓦约有12 200人。

很多利比里亚的本土语言已经开始书面化。瓦伊文字就是一个典型的例子,它被视作土著非洲人的创造发明。瓦伊族、巴萨族、克佩尔族和洛马族都构建了其文字体系,但瓦伊还发展了自己的文学。虽然只有20%的人在正式场合使用英语,但像在世界其他地方一样,英语已经为利比里亚人所广泛接受。英语以洋泾浜语的形式成为西非商业活动和城市生活用语。利比里亚英语,这种克里奥尔式的英语成为非官方的通用语言。英语之所以能得以广泛使用，其原因在于国家建立的方式、媒介的影响以及识字率的提高。

教 育

正如非洲其他国家一样，利比里亚的教育体系是西方和本土的混合体。本土的手工艺学徒制、行会制度和其他非官方教育系统是对官方教育系统的补充。由于最初是美国殖民地的缘故，利比里亚的官方（西方）教育在19世纪有一个良好的开端。实力较强的高等院校有哈珀（Harper）的卡廷顿学院（Cuttington College）和蒙罗维亚的利比里亚大学（University of Liberia）。利比里亚大学始建于1862年，起初是利比里亚学院（Liveria College）。1851年12月利比里亚颁布一项议会法案，该法案将人文和美术学院（属于利比里亚学院）、威廉·塔布曼师范学院合并为利比里亚大学。1951年，它成为综合性大学，它也是西非第一个学位授予机构。

卡廷顿学院是撒哈拉以南非洲地区历史最悠久的私立高校，该校允许男女同校，是执行四年制的学位授予机构。1889年，罗伯特·富尔顿·卡廷出资5000美元建立该学院。美国圣公会（Episcopal Church in the United States）有建立"体力劳动农场"的传统，卡廷要求教会学校也要为男孩子们建立同样的农场。1897年，神学院（the Divinity School）在帕尔马斯角（Cape Palmas）建立。为了向卡廷顿致敬，该校被命名为卡廷顿学院和神学院（Cuttington Collegiate and Divinity School）。接下来的40年中，该校在高等教育层面培育了一大批毕业生。1929年，该校因为经费不足而关闭。1949年，该校在蒙罗维亚以北120英里的邦格州（Bong County）苏阿可可镇（Suacoco）重建，占地1500英亩，发展成拥有教育学、人文学科、自然科学、护理学、神学五个学位授予权的单位。在利比里亚内战期间，卡廷顿学院曾于1990年至1997年关闭。但是后来，尽管战争的伤痕依然存在，该校又全面重新开放了。

城　市

大部分利比里亚人生活在规模不大的小镇和乡村，特别是首都蒙罗维亚之外的各州和各省。其他主要的定居点包括布坎南（Buchanan）、邦加（Gbarnga）、格林威尔（Greenville）、哈泊（Harper）、罗伯茨港（Roberstsport）、山尼克里（Sanniquellie）、塔布曼堡（Tubmanburg）和耶凯帕（Yekepa）。作为首都，蒙罗维亚是国家的政治、商业和金融中心，目前人口约为130万。蒙罗维亚建于1822年，以美国总统詹姆斯·门罗命名。蒙罗维亚位于大西洋和梅苏拉多河（Mesurado River）之间的一个半岛上，由原先美国殖民协会（该协会支持美裔利比里亚人移民到非洲）在普罗维登斯岛（Providence Island）上建立的居民点发展而来。蒙罗维亚有一个港口，该港口在第二次世界大战期间成为美军基地。港口附近的工业包括食品、水泥、精炼石油和化学品制造等。蒙罗维亚同时也是一个文化和教育中心，设有国家博物馆、动物园和高等教育机构（如利比里亚大学）等。像大多数利比里亚城市一样，蒙罗维亚也受到20世纪90年代多次内战的影响。1990年塞缪尔·多伊总统和普林斯·耀米·约翰逊两军之间的激战、1992年查尔斯·泰勒军队的袭击对蒙罗维亚的破坏尤为严重。

布坎南是利比里亚第二大港口，以美国总统詹姆斯·布坎南（任期为1857~1861）命名，位于沃特豪斯湾（Waterhouse Bay），蒙罗维亚的东部，是大巴萨州的首府。与利比里亚其他城市不同，这座城市幸免于利比里亚内战的蹂躏。格林威尔，也被称为希诺（Sinoe），是希诺州（Sinoe County）的首府，位于希诺河和大西洋附近的环礁，其主体部分在战争中被摧毁，但在一定程度上已经重建。其港口是当地伐木业的转运站。哈泊或称帕尔马斯角，是马里兰州（Maryland County）的首府、重要的政治中心，也是卡廷顿学院的所在地，该学院是利比里亚最古老的私立大学。战争期间，城市和大学被摧毁，但重建已经基本完成。渔业是当地的主要产业。土布曼堡，也被称为波密（Bomi），是蒙罗维亚北部波密州（Bomi County）的首府。作为钻石和铁矿石开采中心，该市成为战争焦点，并遭到严重破坏。它是"利比里亚和解与民主联盟"（Liberians United for Reconciliation and Democracy，缩写为LURD）部队总部所在地。加尔恩加，东北部邦格州（Bong County）的首府，战争期间是查尔斯·泰勒的大本营。而利比里亚北部的山尼克里则因为1963年举办总统会谈而出名。这次会谈由利比里亚总统塔布曼（Tubman）、加纳总统恩克鲁玛（Nkrumah）和几内亚总统塞古·杜尔（Sekou Toure）出席，是为成立非洲统一组织（Organization of African Unity）做准备。利比里亚西部的罗伯茨港（Roberstport）在二战期间是盟军潜艇基地，也是闻名遐迩的海滨度假胜地，著名项目包括冲浪和钓鱼等。该市在利比里亚内战中也遭到了严重破坏。利比里亚北部的耶凯帕（Yekepa）接近几内亚的边界，是拉姆科铁矿开采公司（Lamco iron mining company）的基地，也成为战争的牺牲品。

根据非洲的标准，这些城市规模适中，适宜居住，尽管这些城市的命运受到20世纪90年代长期内战的影响。蒙罗维亚依然是利比里亚最重要的政治、文化和经济中心。目前，利比里亚大部分城镇正在从战争的创伤中恢复过来。

资源、职业和经济

利比里亚有丰富的人力资源、物质资源和自然资源，包括黄金、水电、橡胶（利比里亚是世界第六大以及非洲第一大橡胶生产国）、咖啡、可可、木薯、棕榈油、大米（大多数利比里亚人的主食）、甘蔗、香蕉、木材和牲畜。主要出口铁矿石（主要的外汇收入来源）、黄金、钻石、可可、咖啡、木材、橡胶，少量的铝土矿和铌铁矿。主要进口工业制成品、化学制品、燃料、机械、运输设备、大米和其他粮食。工业部门是由外资主导的制造业，主要是橡胶和棕榈油加工。2001年，农业占国民生产总值的60%，而工业和服务业则分别占国民生产总值的10%和30%。劳动力在三大产业中的分配也大致是这个比例。据2000年的统计，在利比里亚劳动力市场中，农业、工业、服务业雇佣的劳动力分别为70%、8%和22%。

利比里亚是著名的航海国家，其中包括"权宜轮"船队

(flag-of-convenience fleet)。尽管大多数舰船不是由利比里亚人拥有，但是利比里亚在海运行业仍居于全球领先地位。据估计，2002年利比里亚有1513艘注册吨位为1000吨船只，船舶总注册吨位共计51 912 244吨，载重吨位为79 297 046吨。

20世纪90年代的内战严重破坏了利比里亚的基础设施。到1989年，全国有三个铁路系统由国外钢铁企业持有和运营，其经济利益与利比里亚政府密切相关。1989年，因铁矿生产陷入停顿，拉姆科铁路公司（Lamco Railroad）关闭，其他铁路因为内战也被迫停止运营。2001年，大批铁轨被拆除并当作废铁卖掉。

政　府

在1980年发生军事政变以前，利比里亚一直是非洲最早的共和国。发动政变的军士长塞缪尔·多伊在1985年当选总统，名义上恢复了利比里亚的民主法治，但是这场选举被厚颜无耻地操纵，以确保多伊的最终胜利。1986年1月6日，新宪法开始实施。查尔斯·泰勒当选总统，可以说是立宪政府的另一次尝试，但新一轮的政治动荡让这次尝试胎死腹中。但是，基于美国的样板，利比里亚仍然保存着立宪制度。政府由三大臂膀组成：行政、立法和司法部门。总统是国家元首和政府首脑，经由6年一次的普选产生。副总统也是由普选产生，复杂协助总统的工作。内阁由总统任命，须经过参议院批准。国民议会或立法机关为两院制，由参议院和众议院组成。参议院由26名成员组成，经由9年一次的普选产生。众议院有64

名成员，任期为6年。司法机关由法院首席法官领导，其法律体系融合了西方（盎格鲁—撒克逊或美国）和本土的法律传统。

历　史

现代利比里亚的前奏：1800年之前的发展

尽管资料有限，但根据考古学和口述资料，现在被称为利比里亚的地区，其历史可以追溯到远古时代。尽管我们不知道确切的时间，但有证据表明，这一地区早在石器时代的桑戈文化时期（Sangoan Period）就有人类生活的痕迹。最早生活在这里的人类主要从事狩猎采集，或者初级的园艺。他们可能是大尼日尔—刚果语族人群的一部分，讲这种语言的人是今天西非的主要人口。而最早居住在利比里亚的人类的语言属于梅尔语系（Mel languages），如基西语（Kissi）和戈拉语（Gola）。利比里亚东部地区居住的是讲克鲁安语（Kruan）的人群，包括德伊族、库瓦族（Kuwaa，即贝利族）、巴萨族、未族（Wee，即克兰族）、克鲁族、格雷博族，有证据表明，这群人有向西南方向迁移的迹象，其语言和族群特征与科特迪瓦西部的人群颇有相似之处。另外，在1500年之前，这群人中的一支德伊族就到达了利比里亚西部边境的马诺河（Mano River）。语言证据也证明库瓦族向西迁移至德伊族地区内部。

继讲梅尔语和克鲁安语的人之后，第三支在利比里亚定居的是讲曼丁哥语（Mande-speaking）的人群，他们大概是在迁出西部大草原之后进入了森林地区。利比里亚有三个曼丁哥语分支。玛族（Ma，即马诺族）和丹族（Dan，即吉奥族）是曼丁哥语南部分支，他们可能是最早进入和定居在森林的部落。曼丁哥语第二支是西南分支，他们也居住在森林地区，其代表是克佩尔族、洛马族、格班迪族和门迪族。曼丁哥语第三支是其北方分支瓦伊族。他们的迁移可以追溯到1500年，当时他们已经迁居到马诺河岸。种植谷物特别是大米的技术是讲曼丁哥语的人群从草原地区带来的。他们还带来了纺织和冶炼技术，特别是炼铁技术。西北部地区秘密组织非常普遍，这些组织把各个族群和政治组织连接起来。这些组织主要负责训练年轻人成为各类匠人，其中，男性社团被称为坡罗，女性社团被称为散蒂。除了教育职能，这些秘密组织还在冲突时期调解各个政治组织之间的关系，此外，他们还控制着铁币。专家在秘密组织中占据主导地位，这一点体现在男性社团高层和高级匠人的相同称呼：祖（zo 或 zoo）。

　　土著制度，如酋长和坡罗，被延续数个世纪的奴隶交易严重破坏了。平民（特别是在内陆地区）在奴隶贸易中深受其害，因为统治者（特别是在沿海地区）要靠贸易获得枪炮和珠宝，以保证其威望。19世纪，出于两方面原因，奴隶贸易开始衰落，一是收益的降低，二是欧洲和美国兴起的废奴运动。1807年，英国废除奴隶贸易后，英国皇家海军在奴隶贸易发达的市场上驱赶奴隶贩子，这使利比里亚海岸上的交通更为繁忙了。但是，19世纪早期反对奴隶贸易的运动为那些贸易中的遣返人员和在奴隶贸易中受伤害的非洲土著人达成共识提供了基础。

第一章 简 介

美国殖民协会和利比里亚殖民地的建立：1816～1847年

从1816年开始，按照英国早先在塞拉利昂的做法，美国殖民协会也试图在非洲为已经获得自由的黑人和奴隶建立殖民地，该协会获得了亨利·克莱（Henry Clay）、丹尼尔·韦伯斯特（Daniel Webster）这两位参议员和托马斯·杰斐逊（Thomas Jefferson）、詹姆斯·麦迪逊（James Madison）、詹姆斯·门罗这几位总统的支持。美国国会出资100 000美元，用来遣返美国正式废除奴隶贸易后仍被带到美洲的非裔，美国殖民协会自此开始运转。1822～1867年，美国殖民协会成功帮助19 000名黑人返回利比里亚，其中，有4540人生而自由，有7000人是获得解放的奴隶，有5700多人是直接从奴隶船上获救遣返的。

美国殖民协会的举动有着重要的历史意义。协会遣返的是这样一群人，他们的祖先从非洲流亡，而他们作为子孙寻根溯源，回到了自己的土地上——一个居住着许多其他非洲人民的国家。遣返人员的回国，其动机部分是出于对自由的向往，而这份自由，特别是财产所有权和他们自己的制度文化，在美洲是享受不到的。这群遣返黑人移居利比里亚海岸的过程，与先他们而来的瓦伊族和紧随其后的部分曼丁哥族人如出一辙。他们最初是一群商人和传教士，后来由于其他民众的加盟，渐渐发展壮大。他们的道路以威信铺就，而威信来自宗教和庞大的贸易网络。

1821年，居住在梅苏拉多角的土著首领，尤其是当时的德伊族、戈拉族和巴萨族首领把梅苏拉多角割让给美国殖民协会,第一批从新世界遣返的黑人就在这里建立了第一个定居点。此后,殖民地与当地土著居民的关系逐渐恶化,而土著居民试图破坏殖民地的尝试也归于失败。这个定居点逐渐演变成现在的蒙罗维亚,国家的首都。一些由移民创建的制度,如家族、宗教仪式,本身就是非洲的一部分,这为遣返黑人和土著非洲人提供了深层的交流平台。其他如利比里亚国家的政治机构则主要来自遣返的非土著。还有一些制度,如出版和官僚体制,在遣返者和土著文化中都没有明显痕迹,这些制度至少最初是通过明确规定的规则来运作的。现代利比里亚行政体系的演变历经一个半世纪,从四散的土著社区、沿海定居点的州和内陆地区的省,直到目前的13个州。

独立的利比里亚至1944年

在19世纪大部分的时间内,利比里亚政府仅仅管理着分布在沿海的数个城市,那里居住着遣返者及其后代;其他地方则分布着土著部落,传统首领统治着这片土地。按照西方的标准,早期利比里亚各自为政的状况是异常的,但这在西非森林地带是比较常见的。茂密的热带植物阻断了交通,即使相邻的定居点也难以互通往来。商业的、政治的和军事的因素促进了沿着海岸线的扩张。到1857年,利比里亚沿海地区已经建立了五个州中的四个——蒙特塞拉多(Montserrado)、大巴萨(Grand Bassa)、希诺和马里兰。1884~1885年的柏林非洲国会(Berlin African Congress)推动了向内陆的扩张。在这次会议上,欧洲帝国主义者们宣布,与会各国对其拥有领土主权的土地实行有效先占（effective territorial occupation）原则。贸易活动也刺激了向内陆的扩张。内陆的扩张有助于消除最早建立的各州和新加入领土之间的差别，这些州距离海岸线不超过40英里，后加入的领土则于1869年成为利比里亚的内陆地区（hinterland）。

由此可见，利比里亚直到20世纪才统一各地，形成现在的形态，其领土面积约37 743平方英里。政治版图的扩张带来人口的增加，利比里亚人口从1890年的45 000人增长到1930年的100万。与此同时，扩张也引发了政府与土著居民的冲突，仅举几例：格雷博族（1857年、1875年和1910年）、克鲁族（1915~1916年和20世纪30年代）、戈拉族（1917年）。为了保护合法领土，利比里亚于1908年成立了第一支国家军队——利比里亚边境部队（Liberian Frontier Force）。20世纪前25年，利比里亚内陆在行政上划分为西部、中部、东部三省。于是，利比里亚由五个沿海州［大角山州（Grand Cape Mount）由蒙特塞拉多转变而来］，四个准州（territory）［马歇尔（Marshall）、里弗塞斯（River Cess）、萨斯敦（Sasstwon）、克鲁海岸（Kru Coast）组成（这四个准州并入到四个州中）］和三个省组成。州所辖制区域居住的人口比例较小（大多是遣返人员后代），遵从以1847年宪法为基础的成文法，而人口比例占大多数的内地（后来成为省所辖制区域）却没有遵从这一法律体系。这种格局一方面可以让政府建立对各省的非正式统治，另一方面，也使得利比里亚内地在政治上从属于沿海地区，这种情况一直延续至今。

早期的利比里亚长期面临财政问题，使国民生活颇为艰辛。随着工业资本主义在全世界取代了种植园体系，富于进取心的利比里亚人民开始了商业贸易。他们建成的利比里亚海运船队令人钦佩，但船队在18世纪60年代末为国际竞争对手所超越；于是，利比里亚最重要的企业转为政府所有。因为没有制造业为官僚机构的运转提供资金，这就开启了外债时代（era of foreign loans）。1871年利比里亚开始举借第一笔外债，紧接着是1906年、1912年和1926年的三次贷款。这些贷款很多是高息贷款，而且，作为抵押物品，国家财政收入（主要来自关税）被大幅让与，土地和产品权被让渡。这样的经济政策导致了让步协议时代（the era of concession agreements）的到来，其中最典型的是1926年的费尔斯通协议（Firestone agreement）。

然而，利比里亚很难冲破国际阴谋，其中包括美国在费尔斯通协议谈判期间的强硬表现。1929年，尚在费尔斯通协议谈判期间，利比里亚被指控强迫劳动，引发丑闻。国联官员称"奴隶劫掠和奴隶贸易难以区分"[1]，而利比里亚则被国际社会谴责是参与这一体系的共谋犯。危机导致以查尔斯·金（Clarles D. B. King，1920~1930年）为总统的政府倒台。继任总统埃德温·巴克利（Edwin J. Barclay，1930~1944年）的主要任务是解决这一时期国内外的复杂问题。国联的欧洲列强企图通过托管取消利比里亚的独立，但当时国际社会内部矛盾重重，且巴克利政府先发制人，这一企图最终被挫败了。但是在如何治理利比里亚土著人和国联危机引起的问题上，巴克利却没有那么幸运，一些受到打压的土著首领与外部敌人联手，由此导致巴克利对所有国内异议采取了更加强硬的态度。

塔布曼总统任内的利比里亚：1944~1971年

在威廉·塔布曼（1944~1971年）成为总统之前，利比里亚的领土完整毫无疑问面临着外部势力的威胁。在塔布曼的领导下，美裔利比里亚人和土著居民的关系有所改善，政府的目标是以美裔利比里亚人塑造的社会同化土著。国家的外交政策是亲西方的，同时门户开放的经济政策也寻求外资进入。作为重要的橡胶生产国，利比里亚在二战之后的出口繁荣期（20世纪50年代和60年代）受益颇多。依据1963年颁布的法案，全国分为9州，其中有4个州是在内陆地区新成立的［大吉德州（Grand Gedeh）、邦格州、洛法州（Lofa）和宁巴州（Nimba）］。行政重组是土著和美裔利比里亚人融合的一部分，尽管其影响还不够深远。在20世纪60年代初，有限的教育设施开始扩展到内地，这促进了民族融合。不过，仍然只有一小部分人接受了官方教育，识文断字，并从中直接受益。虽然受到财产资格的限制，成人普选权也扩展到利比里亚的土著居民。但是塔布曼的改革并不彻底。第一，改革仅仅建立了美裔和土著利比里亚人的代表平等制，而土著利比里亚人以100万之数占据绝对多数，美裔利比里亚人则以30 000人占人口的少数。第二，利比里亚虽然是民主国家，但保留了绝对总统的特征，这一特征在塔布曼时代之后依然存在。第三，利比里亚的两大公民群体依然存在着巨大的社会经济分化。

一个时代的终结：托尔伯特（Tolbert）总统任期，1971~1980年

塔布曼总统75岁时在任内去世，他任职19年的副总统——威廉·托尔伯特（William R. Tolbert）依据宪法于1971年7月继承总统。托尔伯特总统"行事迅捷"，在履新之时已经积累了相当丰富的公共服务经验，尽管那时他的政治敏感度颇受怀疑。他做出了在民族团结、经济发展、自力更生等领域进行改革的承诺，提出了人文资本主义的概念和若干口号，如"向愚昧、疾病和贫穷开战"（war against gnorance, disease, and poverty）和"从草席子到床垫"（from mat to mattresses）、"集会时间"（rally time）等，旨在创造一个"健康运转的社会"。他致力于经济的重组和多样化、教育和社会的发展、权力的去中心化等。他从利比里亚各民族和各党派中广泛征募技术专家，以此实施其民粹主义政策。

然而，托尔伯特的豪言壮语并未付诸实施。他的政治、经济和社会改革在改革和保守势力的矛盾中举步维艰。保守势力包括他所在的真辉格党（True Whig Party）和美裔利比里亚社群，而后者是支持他的传统选民。在其任期内，新的政治活动呈现繁荣局面，具有代表性的是利比里亚全国学生联盟（Liberian National Student Union，缩写为LINSU）、利比里亚进步联盟（Progressive Alliance of Liberia，缩写为PLA）、非洲正义运动（Movement for Justice in Africa，缩写为MOJA）的出现。这些组织都是受到他激进宣言的鼓励而兴起的。面对国内出现的矛盾，尽管托尔伯特在推进国内改革上踯躅不前，但他

在国际舞台上提出其激进策略要坦率得多。

托尔伯特认同非洲统一组织（Organization of African Unity，缩写为 OAU）和不结盟运动（Non-Aligned Movement，缩写为 NAM）的政治倾向，这些组织在冷战期间都寻求保持国家的独立，而这一点招致美国对他的厌恶。因此，托尔伯特政权在国内外政治舞台上都摇摇欲坠，这在很大程度上是因为他优柔寡断，没有支持彻底改革利比里亚社会政治的呼声。利比里亚自独立以来一直都是美裔利比里亚人担任绝对总统，控制着这个国家，而托尔伯特是其中的最后一位。但托尔伯特未能遏制裙带关系，无法解决腐败问题和权贵家族相互攀比的风气，他也解决不了利比里亚权力和资源分配不公的问题。

1980 年政变后的利比里亚

1980 年 4 月 12 日黎明，利比里亚国民警卫队的一群无法升任的军官在总统府刺杀了总统托尔伯特。以军士长塞缪尔·卡尼翁·多伊为首的叛军以托尔伯特政府"腐败猖獗、滥用公职、侵犯人权"[2] 的名义将其暴力夺取政权的行为合法化。他们成立了由多伊领导的人民拯救委员会（People's Redemption Council，缩写为 PRC），委员会由 17 名成员组成。他们快速审讯并公开处决了 13 个托尔伯特政府的主要成员。数百名受过高等教育的利比里亚人逃亡，丧失了国内急需的技术专家。政府受到派系冲突的严重破坏，到 1985 年时已经有数起人企图政变或政府所谓的政变，这让数百名多伊统治的反对者遭到拘押，近百人被处死。

持续不断的摩擦清除了多伊的大部分同谋，也逐步暴露了

15　多伊残暴独裁，1984年8月对利比里亚大学学生抗议的残酷镇压即是明证。多伊政权每况愈下，国内反对者越来越多，而美国里根行政当局视多伊为冷战中的盟友，对他进行无条件的支持。美国的支持表现在对利比里亚援助资金的稳定增长，从1980年之前的2000万到增加到1985年的9100万；同一时期，军队救济金从140万增加到1400万。但多伊政权也不得不屈服于民主的压力，当多伊参加总统竞选时，为其自身利益，多伊操纵了竞选过程。多伊肆无忌惮地操纵选举，赢得了1985年10月15日的大选，而此前人们普遍认为利比里亚行动党（Liberia Action Party）会获胜。

　　和平、民主改革的幻灭催生了由人民拯救委员会成员托马斯·奎旺克帕将军（General Thomas Quiwonkpa）领导的政变，政变的失败导致奎旺克帕将军及大批真正的或有嫌疑的叛乱者被杀害，其中大部分人是奎旺克帕的同伴宁巴人。但镇压只会越发增加了人们对政权的反对，利比里亚全国爱国阵线（National Patriotic Front of Liberia，缩写为NPFL）领导人查尔斯·泰勒率先叛乱。1989年圣诞夜，利比里亚爱国阵线从其在科特迪瓦的基地武装入侵宁巴州，开启了将利比里亚投入区域冲突的战役。大量被多伊政权疏远的国内外利益集团勾连起来，使叛乱持续不断。在国外，反多伊同盟的成员有布基纳法索（Burkina Faso）、利比亚（Libya）、科特迪瓦，甚至法国。如此强大的外国支持和当地民众的不满情绪相结合，叛军以闪电般的速度在7个月内就占领了利比里亚95%的土地，多伊只能躲藏在蒙罗维亚的总统官邸。

　　然而，区域政治，包括传统的英法之争，不久就介入并延

第一章 简 介

长了冲突,从 1989 年 11 月到 1997 年 7 月,超过 7 年半。维和部队的干预本可以迅速解决冲突,但因为区域和外部利益集团在个人的、经济上的、策略上的考虑,干预很快就陷入了困境。美国和其他西非国家(除了那些支持叛乱的国家)都害怕利比里亚叛乱分子夺取政权,叛军首领的记录可不光彩。因此,他们的干涉不仅要结束战争,还要为利比里亚全国爱国阵线创造军事上的胜利。1990 年 6 月,西非国家经济共同体领导人通过调解委员会介入,委员会受到利比里亚跨信仰调解委员会(Liberian Inter-Faith Mediation Committee)的支持。维和部队主体是尼日利亚士兵,指挥官是加纳人。维和部队于 1990 年 8 月 24 日在蒙罗维亚登陆。1990 年 8 月 26 日至 9 月 1 日,西非国家经济共同体在冈比亚(Gambia)首都班珠尔(Banjul)召开了会议,会议决定建立全国团结临时政府(Interim Government of National Unity,缩写为 IGNU)。该临时政府由平民和政治家组成,大学教师阿摩斯·索耶(Amos C. Sawyer)任总统。

与此同时,利比里亚全国爱国阵线中分出一支,这一支由普林斯·约翰逊领导,最终形成了利比里亚独立全国爱国阵线。独立全国爱国阵线以蒙罗维亚郊区考德威尔(Caldwell)为基地,于 1990 年 9 月 9 日在塞缪尔·多伊访问西非国家经济共同体总部的路上抓捕了多伊,并将其折磨至死。随着多伊的死亡,局势变得更加复杂,反对泰勒利比里亚全国爱国阵线的团体开始出现。多伊曼丁哥族支持者以几内亚为基地,发起了利比里亚穆斯林拯救运动(the Movement for the Redemption of Liverian Muslims,缩写为 MRM)组织。该组织由多伊的前信息部长哈吉·克罗马（Alhaji G. V. Kromah）领导。利比里亚武装部队（Armed Forces of Liberia）的前成员在塞拉利昂成立了利比里亚联合民主阵线（Liberian United Democratic Front，缩写为LUDF）。利比里亚穆斯林拯救运动和利比里亚联合民主阵线成立于1991年4月，二者于当年10月正式并入利比里亚联合民主解放运动（United Liberation Movement for Democracy，缩写为ULIMO）。

冲突的转折点出现在1992年10月20日，全国爱国阵线对唯一不在其掌握之中的首都蒙罗维亚发起了大规模进攻。这次袭击的后果是灾难性的，西非国家经济共同体最终击退了叛乱分子，但伤亡惨重，城市严重受损。在之后两年时间里，民兵团体如雨后春笋般出现，其原因在于大批党派的建立。联合民主解放运动分为两派——K派和J派——分别由哈吉·克罗马和罗斯福·约翰逊（Roosevelt Johnson）领导。还有类似的团体，如洛法国防军（Lofa Defence Force，缩写为LDF）、宁巴国防军（Nimba Defence Force，缩写为NDF）、邦格州防部队（Bong Defence Force，缩写为BDF）和利比里亚和平委员会（Liberia Peace Council）。虽然这些党派团体都不是全国爱国阵线的对手，但这些党派团体控制了利比里亚各地的小块领土，主要是土著民族聚居地。联合民主解放运动K派的势力在上洛法地区和西邦格州地区；联合民主解放运动J派的势力在下洛法地区、波密和大角山；利比里亚和平委员会的势力在大克鲁州（Grand Kru）、里弗塞斯和希诺海岸地区，全国爱国阵线的势力在宁巴州部分地区、马吉比（Margibi）、马里兰、邦格州以及大吉德州的北部。

因为冲突无休止地上演,区域和国际力量一再为停战做调停努力。一系列国际会议轮番召开,分别是塞拉利昂首都(1990年6月)、冈比亚首都(1990年8月26日~9月1日)、马里首都(1990年11月28日)、多哥首都(1991年2月12日)、亚穆苏克罗(科特迪瓦首都,1991年6~9月)、日内瓦(瑞士,1993年7月16日)、科托努(贝宁,1993年7月25日)、阿科松博(加纳,1994年9月12日)、阿克拉(加纳,1994年12月21日)、阿布贾(尼日利亚,1995年7~8月)等等。1995年8月的阿布贾会议终于打破了僵局,签署了一项协议。协议包括下列内容:各武装民兵团体在1997年1月之前解除武装,强制实施军事和其他制裁措施,大选在1997年5月举行,民选政府在1997年7月就职。

阿布贾协议产生了露丝·佩里(Ruth S. F. Perry)领导下的过渡时期政府。1997年7月19日,大选如期举行。以下政党及其总统候选人参加了选举:进步人民党(Progressive People's Party,缩写为PPP)——切尔·切普(Chea Cheapoo);全国改革党(National Reformation Party,缩写为NRP)——马丁·谢里夫(Martin M. N. Sheriff);自由民主党(Free Democratic Party,缩写为FDP)——法亚·葛博丽(Fayah J. Gbollie);利比里亚全国联盟(Liberia National Union,缩写为LINU)——哈里·莫尼巴(Harry F. Moniba);团结党(Unity Party,缩写为UP)——埃伦·约翰逊·瑟利夫(Ellen Johnson-Sirleaf);全利联合党(All Liberia Coalition Party,缩写为ALCOP)——哈吉·克罗马(Alhaji G. V. Kromah);全国爱国党(National Patriotic Party,缩写为

NPP)——查尔斯·泰勒；政党联盟（Alliance of Political Parties，简称 Alliance）——科勒特斯·沃特森（Cletus S. Wotorson）；改革联盟党（Reformation Alliance Party，缩写为 RAP）——亨利·法恩布勒（Henry B. Fahnbulleh）；利比里亚人民民主党（People's Democratic Party of Liberia，缩写为 PDPL）——乔治·华盛顿（George T. Washington）；联合人民党（United People's Party，缩写为 UPP）——加布里埃尔·马修斯（Gabriel B. Matthews）；利比里亚全国民主党（National Democratic Party of Liberia，缩写为 NDPL）——老乔治·博利（George E. S. Boley Sr.）以及利比里亚人民党（Liberia People's Party，缩写为 LPP）——托格巴·纳·蒂波特（Togba Nah Tipoteh）。

这次大选大约有 100 万注册选民，投票率高达 90%，因此这次大选被认为是自由公正的。全国爱国阵线的查尔斯·泰勒以压倒性优势赢得总统大选，这是因为选民承认其军事上的胜利，为避免战争的延续而把选票投给了泰勒；根据比例代表制，泰勒的政党占据了参众两院 75% 的席位。1997 年 8 月 2 日，泰勒政府就职，表面上，泰勒政府赢得了广泛的支持和合法性，战争终于结束了。然而，战争留下满目疮痍，基础设施毁坏殆尽，成千上万的人成为难民，流落在国内外。更糟糕的是，泰勒还牵涉了邻国塞拉利昂血腥残酷的内战。他的盟友在那里犯下了不可饶恕的暴行，他的政府为此而蒙上阴影。事实上，泰勒政府始终没能消除这一负面影响，显然这与塞拉利昂的"血钻"有关（叛军在塞拉利昂开采、出口钻石，并用卖钻石的收入购买武器；军阀在矿上使用强迫劳动力，非法贸易

第一章 简 介

让军阀发了财)。

尽管做出了雄心勃勃的宣言,但是泰勒政府并没有实现国家社会经济的转型,部分原因是国际援助者不愿充分承担重建责任。这主要是因为前述的政府形象问题,泰勒政府谋杀、滥权等侵犯人权的记录让政府形象更是一落千丈。失业和不充分就业普遍存在。公平地说,泰勒政府确保了国家领土的完整,并且在1999年之前维持了表面上的和平与稳定。但政府未能吸引到足够的投资和援助支持,而这是一个饱受战争蹂躏的国家在重建过程中所迫切需要的。自相矛盾的是,像许多该地区的官僚一样,泰勒及其亲信把大量的国外救济金存入自己的私人账户。从1999年到2003年,泰勒政府受到越来越多国内和国际的压力,因为尼日利亚和加纳这两个重要的区域性力量指控泰勒政府继续卷入塞拉利昂的悲剧。利比里亚因而遭到国际社会的制裁和孤立。2003年6月2日,制裁达到最高点,联合国法庭正式起诉泰勒在塞拉利昂犯下了战争罪。

同时,国内的不满情绪逐渐演变为反对派武装——主要由支持塞缪尔·多伊的克兰族所支持的利比里亚民主运动(the Movement for Democracy in Liberia,缩写为MODEL)和明显受到邻国几内亚资助和支持的利比里亚和解与民主联盟(LURD)。自2000年至2003年,这两个组织像过去十年中的全国爱国阵线一样,取得了很多军事胜利,制造了新一轮的战争悲剧,人们流离失所,生命和财产遭到严重损失。区域力量再次干预,在使泰勒政府和叛乱分子之间进行调停,停战时叛乱分子已经兵临首都蒙罗维亚城下。2003年6月,和平协议在加纳的阿克拉(Accra)签署,为解决危机,泰勒总统同意退位并流亡他国。虽然泰勒背弃了协议，但因为利比里亚和解与民主联盟对蒙罗维亚当局施加压力，而且利比里亚和解与民主联盟和利比里亚民主运动两大组织已经控制了全国三分之二的国土，他还是在2003年8月11日被迫流亡尼日利亚。

于是，与叛军媾和的任务就落到了副总统同时也是临时总统摩西·布拉赫（Moses Blah）的身上。出于安全考虑，西非国家经济共同体向利比里亚派出3600人的维和部队，美国为其提供资金和后勤服务保障，各派签署了全面和平协议。2003年8月21日，任期两年的利比里亚全国过渡政府（National Transitional Government of Liberia，缩写为NTGL）成立。久德·布赖恩特（Gyude Bryant）和韦斯利·约翰逊（Wesley Johnson）分别被任命为过渡政府的正、副主席。过渡政府行使权力至2006年1月，然后将被2005年10月选举产生的新政府取代。过渡政府由利比里亚和解与民主联盟、利比里亚民主运动各自派出的12名代表和前政府的76人立法机构所组成。临时政府开始执行解除武装的方案，到2004年4月已成功地解除了一半的武装力量，到当年6月这些被解除的武装人员也开始重新融入社会。尽管如此，在全面恢复和平之前，联合国继续执行禁止利比里亚木材和钻石出口的制裁。同时，利比里亚全国过渡政府也面临着腐败的指控，在全国部分地区它也没有建立起足够的权威。

参考文献

Dunn, D. Elwood, Amos J. Bevan, and Carl Patrick Burrowes. *Historical*

第一章 简 介

Dictionary of Liberia, 2nd ed. Metuchen, N. J.: Scarecrow Press, 2001.

埃尔伍德·邓恩、阿摩司·比言、卡尔·帕特里克·伯罗斯:《利比里亚历史辞典》,第 2 版,新泽西州门涂城(Metuchen):稻草人出版社,2001 年。

Levy, Patricia. *Liberia*, 2nd ed. New York: Benchmark Books, 1998.

列维,帕特里夏:《利比里亚》,第 2 版,纽约:基准图书,1998 年。

Liebenow, J. G. *Liberia*: *The Quest for Democracy*. Bloomington: Indiana University Press, 1987.

利本诺,J. G.:《利比里亚:对民主的追求》,布卢明顿:印第安纳大学出版社,1987 年。

Osaghae, Eghosa E.. *Ethnicity, Class and the Struggle for State Power in Liberia*. Dakar, Senegal: CODESRIA, 1996.

奥萨格,艾格豪萨:《利比里亚的种族、阶级和政权之争》,塞内加尔,达喀尔:非洲社会科学研究发展委员会,1996 年。

Saha, Santosh C. *Culture in Liberia*: *An Afrocentric View of the Cultural Intercation between the Indigenous Liberians and the Americo-Liberians*. Lewiston, N. Y.: Edwin Mellen Press, 1998.

萨哈,桑托什:《利比里亚的文化:非洲中心主义视角下的利比里亚土著居民与美裔利比里亚人的文化互动》,刘易斯顿,纽约:埃德温·梅伦出版社,1998 年。

注 释

1 D. 埃尔伍德·邓恩、阿摩司·比言(Amos J. Beyan)、卡尔·帕特里克·伯罗斯(Carl Patrick Burrowes),《利比里亚历史辞典》(*Historical Dictionary of Liberia*),第 2 版。(新泽西州 Metuchen 稻草人出版社,2001 年)。

2 同上。

第二章　宗教与世界观

> 在利比里亚的历史上，人们永远相信神灵和精神存在的无形世界是一切力量的源泉。
>
> ——斯蒂芬·埃利斯（Stephen Ellis），
> 人类学家、历史学家[1]

本章将跨越空间和时间来探讨利比里亚民众的宗教信仰和世界观。本章以宗教与政治、医药、商业之间的互动为线索，考察本土信仰、世界观以及伊斯兰教、基督教对本土信仰和世界观产生的影响。这样可以帮助我们深入了解利比里亚本土的、伊斯兰教的、基督教的宗教信仰和世界观以及三者之间的互动。事实上，宗教之间的相互融合和交流一直都是利比里亚宗教发展的主流。这种对不同宗教的包容态度，是因为机会主义的策略，如此人们才能在寻求一系列问题的解决之道时保有多种选择。

当不同宗教的需求相互冲突，使人们面临道德困境时，在神的祭坛之前解决问题往往是权宜之策。因此，我们可以归纳说，尽管利比里亚人的宗教信仰形形色色，但大多数人都认为神灵的力量在他们的日常生活和命运安排中起着最为重要的作用。几乎每个人都相信有来世，来世怎样要看怎样祭拜祖先，于是人们在祖先的坟墓前献上祭品，也告以所求之物。这样做是因为人们相信，祖先会替后代求情，以禳灾祈福。大多数利比里亚人还相信，要维系超自然世界和人类之间的关系，需要举行挽回祭，向神灵献上祭品。

在伊斯兰教和基督教传入之前，利比里亚人宗教信念和世界观由其出生和成长的地方所形塑。也就是说，每个人都生长在氏族或村落中，而氏族或村落一方面强调生者之间的和谐，另一方面还强调生者与祖先之间的和谐。土著社会没有宗教领域和非宗教领域的划分（例如政治）。生活被视为一个整体，其组成部分各个不同但又互为补充。

然而，必须承认，利比里亚内战严重冲击了人们的信仰和世界观。在战争期间，某些亵渎神灵的行为对本土宗教产生了严重的影响。例如，神圣的森林和神庙遭到敌方战士的严重损害——如穆斯林曼丁哥族民兵——神圣的面具被曝露于外人包括妇女面前。战争期间的种种亵渎神明的暴行深深戕害了利比里亚大众的精神世界，也激怒了神职人员和传统秩序的维护者。基督教的牧师，尤其是五旬宗（Pentecostals）在战后曾非常活跃，通过讲道和慈善工作来抚愈战争给人们造成的情绪的、心理的和物质的伤害。

传统或本土宗教与世界观

鉴于利比里亚的历史，尤其是美裔利比里亚人建国过程中占据的主导地位,人们普遍认为利比里亚是一个基督教国家。来自美国和加勒比地区的移民,其移出国是信仰基督教的。但这种看法其实是一种误导,因为这些定居利比里亚的移民也带来了西方所谓共济会的做法。事实上,共济会是真辉格党(True Whig Party)的支柱之一。在1980年以前,真辉格党控制了利比里亚政府以及公共生活。而且,如果说在美裔利比里亚人沿着海岸线建立的定居点是以基督徒为主,那么土著人口占95%的内陆地区则不是这样。

在内陆地区,本土宗教与伊斯兰教融合在一起,占据了统治地位,如曼丁哥族、瓦伊族、戈拉族和西部的格班迪族的宗教。这部分内陆地区与塞拉利昂和几内亚比邻,这两个国家也有相当数量的穆斯林人口。2002年的人口普查显示,约40%的利比里亚人信仰传统宗教,40%信仰基督教,20%信仰伊斯兰教。正如本章将要阐述的,在很多情况下,利比里亚人像西非地区其他国家一样,在宗教生活中没有明确的分界线,同时信仰多种宗教。

因此,要研究利比里亚人的宗教信仰和世界观,承认其信仰和思想体系的多样性就成为本章讨论的基础。本章的第二个基本观点是,不论信仰何种宗教,利比里亚人对超自然和保守秘密都持相同观点。宽泛的利比里亚宗教文化有保密的倾向[集中体现在"依法莫"(ifa mo)这个概念中,意为"不要说出来"]和相信神秘力量干预人事的观念。不论信仰何种宗教,或者说因为信仰任何一种宗教,利比里亚人都承认人类活动中邪恶力量的存在。

例如,威廉·托尔伯特总统(1971~1980年)在总统府有睡觉恐惧症,他不住总统府,而是每日通勤往返于总统府和距离首府25英里外的住所。具有讽刺意味的是,他是晚上睡在总统府时被暗杀的(1980年4月12日)。据说,托尔伯特是被其前任威廉·塔布曼(1944~1971年)在总统府举行的宗教仪式弄得心烦意乱;另一件具有讽刺意味的事是,托尔伯特总统是他所在地区(包括塔布曼总统)的牧师。所以尽管他公开支持共济会,但他仍被普遍视作基督徒。这件事的重点在于,利比里亚社会中无论是精英还是非精英,通常都把事情的发生归因于神秘力量的存在。

这就解释了为什么即使是抓捕总统塞缪尔·多伊(1980~1990年)并将他折磨至死的人,也相信多伊天赋异禀,神通广大(多伊曾夸夸其谈说,杀他的枪还没有被制造出来)。人们也更愿意相信,多伊的惨死是因为神灵的力量,而不是因为战术失算或纯粹的巧合。据说在多伊被抓捕和执行死刑的前一天晚上,多伊的一名女性支持者看到他被天使带走。这个梦后来被理解为多伊即将灭亡的明确预告。需要指出的是,利比里亚和非洲其他地方的人们都相信,梦是神灵传递信息的媒介,这是非洲宗教信仰的一个很基本的组成部分。

此外,利比里亚人相信超自然力还可以用多伊的护身符得以说明。不论信仰什么宗教,很多利比亚人都会佩戴各种护身符。抓捕多伊的人发现,他也在身上(不论是裸露的部分还是隐私的部分)佩戴了很多护身符以增强力量(抓捕多伊的人有可能顺手牵羊,将多伊的护身符据为己有)。多伊之所以被酷刑折磨致死,是因为杀他的人要避免他的报复,人们相信多伊的强力护身符让他只要有喘息的机会就能隐身。关键在于，托尔伯特和多伊这两位命运多舛的利比里亚总统尽管声称他们是基督徒，但他们跟绝大多数同胞共享同样的本土宗教信仰。本土宗教信仰认为每个人都有深奥、神秘力量的存在，只有巫师、牧师和其他有资格的人可以解开这种力量。这种观念的前提是，现实世界存在、发生的事物都以灵性世界为基础。在吉奥族中，每一个生物背后的力量都被称为"杜"（du），每一个人都是自身"杜"的表象。

神灵崇拜一直是利比里亚人生活、世界观和宗教信仰的根本。笃信传统宗教者，尤其是利比里亚北部和西北部信坡罗的人，相信各种神灵的存在：祖先神灵、各种水神和灌木神、妖怪、社团神和坡罗神。人们认为祖先神灵能够保佑后代，协调后代之间、后代与神灵之间的关系，祖先总是关心着子孙后代的幸福。灌木神、水神和妖怪控制着人类，并且能将专门的知识或力量传递给人类。于是，利比里亚就出现了专门的祭司、占卜师、治疗师和算命者，他们都声称自己可以和神灵沟通。人们还相信这些神灵掌管着人类控制之外的神秘世界。社团神灵（或图腾）掌管蛇和豹的事务，蛇和豹往往是坡罗的神灵。坡罗的神灵还包括灌木魔鬼，灌木魔鬼能传达神的意志，是神在人世间的彰显。这些神灵由坡罗控制下的蒙面舞者来代表。

善神恶灵和祖先神灵通常都由戴着木制面具的扮演者来代表。尽管面具背后的人只是肉体凡胎，但木制面具掩盖了他的身份，附身于他的祖先神灵或任何精神力量将他超拔于本人之上。在一个敬畏阴间、超自然世界的社会，人们有理由保守秘密、掩盖意图。将强大的神力赋予有形事物的一个典型例子是在1980年4月政变后在蒙罗维亚树立的无名战士雕像，人们普遍相信雕像充满了神力。然而，这些所谓的神力并没有让雕像免遭 1996 年 4 月争夺蒙罗维亚激战炮火的破坏。基本上，人们普遍认为看不见的神灵是力量的终极来源，人类应该设法与神灵沟通，或者安抚神灵。不过，也要承认这些信仰有细节上的不同，而且某些地方的信仰比其他地方要更为根深蒂固。例如，比起利比里亚东南部地区，位于中部地区的坡罗和散蒂（分别是男性和女性神秘社团组织）就更为紧密地与当地社会和政治结合在一起。

不论在政治、社会功能方面，还是只考虑狭义的宗教兄弟会，坡罗和散蒂都代表了大多数利比里亚人的宗教和世界观。坡罗在戈拉族、瓦伊族、利比里亚西部大部分曼丁哥族、门迪族、洛马族、格班迪族、基西族、西北部的贝尔族、克佩尔族、马诺族数个分支、中部地区的巴萨族都很盛行。坡罗与土地和森林有着密切的联系，因此蒙罗维亚和其他地方不信坡罗的人，尤其是所谓文明的利比里亚人（即基督徒或美裔利比里亚人）把坡罗跟灌木恶魔联系在一起。坡罗和散蒂仅在门徒内秘传，其宗教实践又非常神秘，因为这样就把坡罗、散蒂和所有相关者都归于邪恶是种偏见。可能像人们期望的那样，因为灌木和森林是危险动物即恶灵的居处，因此神秘、隐匿和危险就跟它们挂上了钩。尽管坡罗和散蒂主要盛行于利比里亚西北部，它们也散布在其他地方。利比里亚东南部的克鲁安族没有坡罗和散蒂，但他们有自己的秘密组织来发挥类似的宗教和其他功能。

神秘社团由当地的长老会掌控，存在于形形色色的社区之中。社区所有成年男性和女性都是坡罗和散蒂成员，这意味着这些社团并不像传说中那样秘密。但是这些社团的教义和信仰仅限门徒知晓，它们仅在门徒圈内传授知识和解决社会问题的特别技能，如治疗毒蛇咬伤的医术，在这个意义上说，这些社团又是秘密的。在坡罗组织内部，高级成员或领导掌握的知识，低级成员也不知道。

坡罗和散蒂这类组织的社会功能之一就是阻止反社会行为或信念。因此，直到20世纪早期，利比里亚东南部格雷博族的奎社团（kui societies）才发觉并抑制了巫术的蔓延。他们杀了罪犯，以此为社会除掉邪恶。在信仰坡罗的地区，如在克佩尔族地区，是否是巫术由长老的秘密会议决定。

利比里亚某些地区可以见到另一种传统的宗教习俗，即对图腾的崇拜。人们认为这些动物拥有神力，比如鳄鱼或豹子。1989~1990年，利比里亚全国爱国阵线从宁巴州发动了进攻，在进攻的初始阶段，据传有一只吃人的豹子在四处徘徊。人们认为此事中蕴含着神灵的指示，因为传统信仰认为神灵（不论是动物、森林或者已经去世的祖先）既可以控制人类，也可以控制动物。

必须澄清的是，这只四处觅食的豹子可能是一个人，这个人可能被豹子的灵魂附身，四处走动，用特殊的刀杀人，却留下豹子爪子的痕迹，好像是豹子伤了人似的。灵魂附体也有可能是通过面具，对面具的使用象征着人们与神灵世界中的不可见力量连接起来。因此，吉奥族认为一个人的"杜"与其肉身可以分离，而且可以进入并控制别人的肉身。很多利比里亚人认为神界是可以双向流动的：人既可以进入神界，神灵也可以进入（控制）人类。因此，人们在睡眠中可以转化为神灵；

当人类被动物的灵魂附身时,他们也可以转化为动物,例如豹子;当然,人们也有可能被其他人的灵魂或魔鬼附身。

传统利比里亚宗教和世界观还有一个重要的方面,那就是认为人类的灵魂可以超越死亡而存续。这有多种表现形式。一是人们相信祖先灵魂会在跳神舞中回来,人们会向祖先念诵祈祷文。二是在利比里亚内战期间开始流行的一项宗教实践,即吃掉死人尤其是一个伟大的、勇敢的人的心脏,希望以这种继承、占有的方式延续死者的灵魂,或是占有死者属灵的力量。坡罗的新成员在灌木学校(建在森林中的营地,以训练新成员)隔离时死去也会被吃掉,人们认为灌木魔鬼已经吃掉了他。

近代以前的人牲也是人类灵魂存续的一种古老的表现方式。当一位坡罗祭祀"若伊"(zoe)想得到坡罗组织更高的职位时往往需要提供人牲,而这作为祭品的人必须是自己的儿子。这种行为类似于基督教中基督在十字架上受难,是最后的、最有效的祭品。虽然谣传现在仍有人牲这种现象,但人牲即便在那个年代也不多见,到今天已非常罕见。

尽管本土宗教和世界观在各地区、各州和各族群之间都有差异,但与世界性宗教如基督教和伊斯兰教相比,本土宗教也有其一致性。首先,本土宗教存在多重神灵,不像世界宗教是一神教。尽管土著相信有一个至高无上的神存在,但他们也承认较低级别神灵的存在,这些神灵视乎其所在民族而有不同的名称。较低级别的神有两种类型:造物之时即为神灵,从来没有获得人的身份者;生而为人,死后成为神灵。第二,正义(上帝)与邪恶(撒旦)之间并非截然二分,不过随着基督教或伊斯兰教的影响越来越大，善恶二分越来越成为主流观念。

因此，瓦伊［又称坎巴（Kamba）］族的大神度达安（dudane）与级别较低的神灵们共存，人们都认为大神是造物主，是善恶之源。而在坡罗的宗教世界观中存在着某种矛盾，例如，视乎情境不同，森林神灵可以是善的，也可以是恶的。因此，我们也能理解坡罗祭祀为了获得更高级的精神力量而宁可牺牲自己的近亲，也能处死那些离经叛道的人。这两种人牲，无论在今天看起来有多么邪恶，在过去看来是为维护社会秩序之完整而不可避免的。如果是基于上述原因，为社区的最终利益而奉献人牲，人们就不会认为人牲是邪恶的。

本土宗教信仰和世界观的第三个共同特点是对祖先神灵和其他神灵的挽回祭，特别是在某个人或社区因为做错了事而遭到厄运之后。人们用占卜来确定引发厄运的原因，并指出合适的挽回祭仪式（通常要奉献动物牺牲）应如何进行。第四，人们通过崇拜祖先神灵而跟更高级别的神灵或至高无上的大神［克佩尔族称其大神为亚拉（yala）］沟通。人们认为通过祖先代祷最为灵验，祖先神灵知道如何祈求才能带来最好的解决之道或答案。第五，非洲本土宗教没有像基督教和伊斯兰教那样的创始人、先知或圣经。尽管如此，宗教仪式的信条依然通过仪式、神话、歌谣、寓言和各种传统代代相传。与上述世界性宗教不同，利比里亚本土宗教没有传教士或专业的神职人员传教。然而，像坡罗和散蒂这样的宗教机构通过征服和同化遍布利比里亚内陆地区。

利比里亚的基督教

随着19世纪20年代美裔利比里亚人的定居,基督教也被引入到利比里亚。各种基督教团体,包括浸信会(Baptists)、长老会(Presbyterians)、圣公会(Episcopalians)、公理会(Congregationalists)都在沿海地区确立了自己的地位。在利比里亚,一直占主导地位的基督教教派是利比里亚卫理公会教派(Liberian Methodist Church)。该教派早在1822年1月7日第一批美裔利比里亚定居者到达时就开始创立。利比里亚的杰出领袖,如约瑟夫·詹金斯·罗伯茨总统和威廉·塔布曼总统都是该派的教徒。1964年之前,利比里亚卫理公会一直由美国传教士掌管,之后则归南非主教管理。1944年,利比里亚卫理公会转归美国中央教区(Central Jurisdiction in the United States)负责管理,该教区批准专门为利比里亚选举一位主教。1964年,史蒂芬·查武恩·纳格比(Stephen Trowen Nagbe)当选为第一任利比里亚卫理公会主教。1972年在他去世之后,继任者是另一位本土利比里亚人——本尼·华纳(Bennie D. Warner)。1977年,华纳主教任托尔伯特总统的副总统。这明显是教会与国家的结合,特别是托尔伯特总统本人还是浸信会牧师。

卫理公会最初的教徒主要是美裔利比里亚人,但该教派很快就加入到其他基督教团体向利比里亚内地传教的活动中。在向利比里亚内地传教方面,新教圣公会(Protestant Episcopal Church)领先于卫理公会,是他们最早向格雷博族传福音。卫理公会教徒也在帕尔马斯角建立了学校和教堂。

美国路德教会（Lutheran Church of America）于1860年开始在利比里亚传教，创立了利比里亚路德教会（Liberian Lutheran Mission）。当比较老的基督教派还停留在沿海一带传教时，路德教派就开始冒险进入内地，这更强化了路德教派的特殊性。它集中在利比里亚中部和西北部的洛马族和克佩尔族中传教。因为该教派主要在农村地区发展，其第一任利比里亚主教罗兰·佩恩（Roland J. Payne）赢得了"丛林主教"（the Jungle Bishop）的绰号。路德教派引入了正规教育，实施扫盲计划，以服务当地农村社区。它强调用土著的语言传播福音，教土著读写自己的语言，并且把《圣经》翻译成洛马语和克佩尔语，这样人们就可以用他们自己的语言崇拜上帝。路德教派的管理也经历了从美国传教士向本土牧师的转变，1965年，第一位本土主教得到任命。路德教派在基督教合一运动中也留下来自己的印记，它与圣公会教派合作在苏阿可可（Suakoko）经营一家医院，它还与其他教派共同经营一家广播电台、一所神学院以及一所主日学校。

20世纪，新教的加入也带来了新的宗教仪式。这些新教包括罗马天主教（Roman Catholic）、基督复临安息日教派（Seventh-Day Adventist）、五旬宗［如神召会（Assemblies of God）、世界五旬宗同盟（Pentecostal Assembly of the World）、加拿大五旬宗同盟（Pentecostal Assembly of Canada）］和非洲基督教派［African churches，如阿拉杜拉教派（Aladura），意为"祈祷者"，来自利比里亚向东数百英里的西非国家尼日利亚］。利比里亚还传入了一个值得注意的教派，苏丹内地教会

第二章 宗教与世界观

(Sudan Interior Mission),该教会经营着"以永恒的爱赢得非洲"(Eternal Love Winning Africa,缩写为ELWA)电台,其影响力远远超出了利比里亚国界范围。尽管这些教派的教义多有不同,但它们都逐渐适应了前述的本土信仰。

实际上,除了五旬宗之外,许多利比里亚的基督徒像西非其他地区一样,将同时信仰多种宗教视之平常。从这个意义上说,利比里亚与非洲的一套常见的宗教模式是一致的,即与本土宗教有关的实践,如神灵附体和占卜,已经为基督教礼拜仪式所借用。阿拉杜拉教派和其他唯灵派(spiritual church)都很强调预言(这与本土宗教中的占卜非常相似)、使用有形圣物(如装在瓶子里的圣水)、驱逐恶魔等。如果某些占卜者要求,这些教派的基督徒还会用动物来献祭。

一般来说,像阿拉杜拉这样的独立教派跟其他教派的区别,不仅在于他们对洗礼、梦境、预言的强调,还在于其成员内部的分层。总体而言,他们的成员主要来自下层阶级,礼拜仪式为他们提供了一种自我表达的形式。这类教派中的礼拜仪式有歌唱、拍手、击鼓、跳舞等,还有与主流教派不同的无拘无束。人们认为,这种形式的崇拜可以让教会成员发泄其强烈的情感,减缓生活中的挫折感。教众还从中获得安全感,并在教会层级上得到提升。

自从美裔利比里亚人当政以来,尤其是20世纪30年代以来,信仰基督教的美裔利比里亚政治和商业精英就把基督教、共济会和本土宗教几种信仰结合起来。查尔斯·邓巴·伯吉斯·金(D. B. King,任期1920~1930年)总统是利比里亚第一位与坡罗有关的国家元首,据说他还加入了鳄鱼团(Alligator

Society）。他的继任者之一，威廉·塔布曼总统因为是全国各坡罗社团的总首领而闻名于世，他的妻子也入了散蒂。而在官方的分类中，塔布曼总统是基督教徒（卫理公会派教徒）和共济会成员。托尔伯特总统是一位广受赞誉的浸信会牧师，曾担任世界浸信会联盟主席（World Baptist Alliance），即便如此，他同时也是坡罗的高层领袖。

教会同样没能幸免于20世纪80年代和90年代的利比里亚内战。战士们肆意亵渎圣地，抢劫教堂和清真寺。前文说过，坡罗的神庙和神圣的树林遭到亵渎，但是最残酷的暴行可能要数1990年7月塞缪尔·多伊总统的士兵对600名在利比里亚路德教会圣彼得教堂（St. Peter's Lutheran church）寻求避难的人进行的屠杀。战争期间，教堂被洗劫一空，教堂、校舍、医院等机构被各种武装民兵肆意破坏。牧师及其信众纷纷逃命，侥幸存活者又沦为贫困交加、流离失所的难民。

利比里亚五旬宗的兴起，尤其是利比里亚内战以来五旬宗的发展，挑战了主流基督教教派与非基督教信仰达成妥协的做法。五旬宗主要是劝诫人们要获得新生：只要人们忏悔、宣布终止过去罪恶的行为，人们就可以获得新生。五旬宗各教会还相信信众的圣灵降临浸礼体验，该宗派早期就有五旬节圣灵降临的信条。五旬宗的信徒如今大多受过良好教育，社会地位较高，但最初的皈依者却主要来自社会下层。

五旬宗的兴起受到了利比里亚内战创伤的刺激。尽管其核心思想重生是指灵魂的重生，但重生的理念却能抚慰这个饱受战争重创的社会。成千上万的人要么是被害者，要么被视为施暴者，都遭到战争暴行的残忍践踏。杀戮、百姓流离失所、强奸、杀人祭祀鬼神等邪恶的现实,给五旬宗牧师提供了丰富的布道素材。因此,战争结束后,许多前战斗人员,包括儿童兵,宣称他们从来自蒙罗维亚和其他著名定居点的五旬宗牧师那里新近获得了救赎。五旬宗认为,战争是撒旦所为,是神在惩罚人的罪恶。正是因为人们皈依传统宗教、犯下杀人祭祀鬼神的罪,才招致上帝的不满。

基督教社团自利比里亚内战以来的另一个发展动向是数个教派在其教义中都强调疗救、奇迹和预言。通过承诺减轻身体上的病痛、物质上的匮乏,以及收回邪恶权柄或撒旦代理人的力量,这些教派对利比里亚战后恢复做出了贡献。他们之所以能够吸引大量的民众,不仅是因为他们为日常生活中的难题提供解决之道,而且他们布道的内容与方法能够与人民大众产生共鸣。利比里亚人对牧师们布道时采用的方式和语汇都相当熟悉,因为传统的祭祀和占卜师也是如此做法。然而,正统的五旬宗对此一般持批评态度,他们认为许多自称可以疗救或预言的五旬宗牧师都是骗子,这些教会的领袖使用邪恶的力量和雄辩之术欺骗了那些粗心大意的听众。

总之,基督教的到来在很多方面影响了利比里亚的宗教结构和世界观。首先,基督教对利比里亚民众宗教信仰的多样性做出了自己的贡献。其次,通过设立教会学校,基督教成为西方教育和消除文盲的先驱。教会学校为利比里亚内地的土著社区培养了第一批接受西方教育的精英。第三,基督教传教团首次将西方医学应用于许多受疾病和瘟疫肆虐的社区。尽管传教团仅仅提供了最为基础的设备,但是他们的努力为政府的后续工作奠定了基础。第四,许多土著利比里亚社群积极皈依基督教，与之相伴随的，是很多人将许多土著文化元素视作异端、野蛮，这导致土著社区社会结构的侵蚀以及许多文化产品的流失。不过，非洲独立教会的兴起意味着基督教各教派的信仰和礼拜仪式中已经注入了本土文化和传统元素。击鼓、本土音乐和一些本土宗教仪式已经为基督教的礼拜仪式所采用。

利比里亚的伊斯兰教

尽管伊斯兰教是中世纪西部苏丹的主要宗教，覆盖了利比里亚森林北部草原地区，但根据历史记载，古马里帝国（ancient Mali empire）是第一个领土到达森林边缘的萨赫勒帝国（Sahelian empire，萨赫勒地区是位于几内亚森林和撒哈拉沙漠之间的区域）。然而，臣服于马里帝国的森林居民并未皈依伊斯兰教，伊斯兰教在这一地区取得进展是在19世纪初期曼丁哥族到来之时。曼丁哥族（是讲曼丁哥语的马林凯人分支）号称是马里帝国穆斯林王朝的后代，他们以商人的身份迁移到现代利比里亚国土上来，同时传播伊斯兰教。在从事贸易并逐渐控制利比里亚内地长距离贸易的过程中，曼丁哥族一直有意识地传播伊斯兰教。他们颇有生意头脑，他们在贸易上的成功吸引了不少人皈依伊斯兰教。曼丁哥族的非正式传教得到穆斯林神职人员［如卡拉莫科（karamokos）、马拉布特（marabout）莫里（mori）等］的补充和强化，神职人员建立了古兰经堂（Quranic school）和清真寺，提供咒符和护身符，给一些地方统治者提供灵性指引。贸易的扩张推动了伊斯兰教的传播，在不断扩大的区域贸易网络中，伊斯兰教充当了连接商人之间的纽带。

伊斯兰教在利比里亚内地的传播得益于如下几个因素：曼丁哥族［或迪尤拉族（Dyula）］商人的商贸活动，伊斯兰教教育机构的建立，与非穆斯林的通婚。19世纪，在西非荒漠草原和与之毗邻的部分森林地区，伊斯兰教成为商人信仰的宗教。因此许多想做大生意的本土商人都将皈依伊斯兰教视作打入由穆斯林主导的区域贸易网络的一种途径。这些新的皈依者期待着，也往往能够获得教友在物质和精神上的支持。

伊斯兰教的另一传播途径是为尚无文字的社会设立教育机构和设施。曼丁哥族和其他穆斯林最初把重点放在各个社群的权贵身上，这样他们很快就赢得了当地人的欢心。当地权贵的子弟们在古兰经堂学习，他们学会了阿拉伯语，也被引向伊斯兰教信仰。经堂毕业生以本土语言将其所学应用起来。利比里亚的两个土著民族克佩尔族和瓦伊族很快就因为用自己的语言书写伊斯兰教经典而闻名。伊斯兰文化促进了贸易的扩大和商业合同的书写。伊斯兰教还通过穆斯林占卜师得到传播。占卜在本土宗教中非常重要，所以穆斯林占卜师很容易在利比里亚内地社区找到主顾。穆斯林神职人员制作的咒符或护身符很灵验，这口碑一传十十传百，也吸引了大批顾客。人们请穆斯林占卜师制作强效护身符来避开邪灵侵袭，为即将奔赴战场的部落首领或寻求神灵庇佑的社区献上祈祷和牺牲。

穆斯林男子娶非穆斯林妇女的做法也有助于伊斯兰教的传播。例如，曼丁哥族就是这种做法，但他们不允许本族妇女嫁给非穆斯林男子。他们的理由是孩子很有可能会沿袭他们父亲的信仰。穆斯林男子可以娶非穆斯林妇女，反之则不可以，如此一来，穆斯林通过婚姻壮大起来。就这样，穆斯林男性在传播伊斯兰教的过程中扮演了积极的角色，因为他们的非穆斯林妻子会在适当的时候皈依伊斯兰教。此外，利比里亚的非洲土著也愿意接受伊斯兰教，因为伊斯兰教对一夫多妻之类的土著文化习俗更为包容，而基督教对此一般持批判态度。伊斯兰教也不反对奴隶制、流传已久的占卜、祖先崇拜、为挽回祭奉上祭品。

通过上述方式，伊斯兰教在利比里亚内地缓慢地传播。瓦伊族和洛马族是最早皈依伊斯兰教的土著。瓦伊族与曼丁哥族有商业上的联系，他们共享文化和语言纽带，因此，对曼丁哥族传播的伊斯兰教，瓦伊族也更易于接受。19世纪初，瓦伊族的酋长许以妻子和土地，聘请曼丁哥族穆斯林神职人员担任谋士。

自20世纪以来，瓦伊族的严重伊斯兰化与蒙罗维亚中央政府的侵入有很大的关系。首先，在抵御美裔利比里亚人政府的入侵过程中，传统权威和祖先神灵遭遇完败，这让当地土著开始深深怀疑坡罗等本土政治和宗教权威的效能。其次，20世纪20年代，利比里亚政府在瓦伊族土地上建立政权，政府决定消灭传统的坡罗力量，这进一步侵蚀了传统权威的根基。第三，利比里亚政府废止了国内的奴隶制，从而引起了瓦伊族的社会革命，被奴役阶级离开瓦伊族土地来到城市，或回到他们的家园。这让瓦伊族与蒙罗维亚政府及其信奉的基督教更为疏远，让伊斯兰教成为一个更具吸引力的选择。第四，瓦伊族的精英对基督教持怀疑态度，因为传教的美裔利比里亚人曾经是奴隶，没有资格教育生而自由的瓦伊族精英子弟。

一直以来,伊斯兰教都是本土宗教和社会制度的替代品或补充,而上述社会发展造成的裂痕却由伊斯兰教弥补起来。到20世纪中叶,瓦伊族社会已经深受伊斯兰教的影响。瓦伊族传统上有至高无上神康格穆巴(Kangmba)或康穆巴(Kamba)的观念,因此他们很容易接受穆斯林至高无上的存在(真主)。所以,在信仰伊斯兰教且坡罗影响力已经大大衰退甚至已经消失的地方,人们通常已经不再按传统的方式举行葬礼,也抛弃了其他很多传统的做法。在坡罗依然幸存的地方,人们花在灌木学校中的时间也大为缩短,从之前的四年减少到数天。

不过,很多利比里亚内地伊斯兰教的皈依者仍然保留了其传统的宗教信仰和习俗。利比里亚内地伊斯兰教的传播遵循着曼丁哥族商业活动和定居的轨迹。因此,其他利比里亚民族,尤其是巴萨族、克佩尔族、马诺族和吉奥族,在曼丁哥族进入其土地之后皈依了伊斯兰教,这也能说明为什么在这些民族主要的商业中心[例如甘塔(Ganta)、邦加、萨尼格力(Saniquellie)和沃因贾马(Voinjama)]会有数量庞大的穆斯林。

因此,尽管伊斯兰教是少数人的宗教,却对利比里亚人的文化和习俗产生了相当大的影响。首先,通过经堂和清真寺传播的世俗、道德和精神理念对本土社会的教育体系产生了一定影响。伊斯兰教的传播也推动了土著语言文字的发展。其次,伊斯兰教已经影响到婚姻、给孩子取名、葬礼和商业活动等传统文化。伊斯兰或阿拉伯名字如今已被个人和家庭采用,而商业交易则遵循着宗教规则。通行的伊斯兰教名为利比里亚穆斯林所采用，包括：博卡里［Bockari，即阿布·伯克尔（Abu Bakr）］、莫莫杜［Momodu，即穆罕默德（Muhammad）］、布雷玛［Brimah，即易卜拉欣（Ibrahim）］。这种做法也充分体现出姓名（和伊斯兰教）已经被当地人的语言所本土化了。

第三，伊斯兰教为其信徒创造了独特的身份认同和共享的价值观。伊斯兰的宗教实践和仪式，如强制性的禁食、一年一度的开斋节、召唤信徒礼拜已弥漫全国各地的许多社区。更能说明问题的是伊斯兰教适应本土宗教和信仰的方式。穆斯林的巫师，即所谓的莫利曼（moriman）用古兰经的段落制作咒符，其神效可媲美甚至取代本土宗教的咒符。同样的，伊斯兰教已经影响到瓦伊族的宗教仪式。第四，伊斯兰教成为利比里亚内陆地区族际交往的媒介。它促进了曼丁哥族与其定居其中的土著社会的融合，并使曼丁哥族的文字渗透入戈拉族、克佩尔族、瓦伊族的文字之中。内陆地区的土著民族部落和宗族甚至采用了曼丁哥族的名字，如可洛马［Kroma，即科罗马（Koroma）］、卡马拉（Kamara）、瑟利夫［Sirleaf，即谢里夫（Sheriff）］、图雷（Turay）。

第五，伊斯兰教已经改变了利比里亚教徒的生活方式。许多男性信徒戒除饮酒，也不再食用猪肉、猴子和其他没有按照宗教规定宰杀的动物。信徒必须遵守伊斯兰教特有的仪式——每日必须完成五次祷告、斋月、施舍和哈吉（到麦加朝圣）。如本书第七章中所说，利比里亚穆斯林的葬礼必须遵循伊斯兰教的禁令。同样，伊斯兰教的长袍也被信徒接受。

不过，伊斯兰教在利比里亚内陆地区的传播并非一帆风顺。它在洛法州就遭到格班迪族的顽强抵抗。格班迪族的传统文化很有生命力,为高度集中的社会和政治制度提供了支撑,这形成了抵御曼丁哥族伊斯兰教传播者的坚强堡垒。伊斯兰教对格班迪族社会的影响甚微,与之相反,瓦伊族对伊斯兰教热情接纳,克佩尔族则能够调和伊斯兰教与传统文化。克佩尔族接受了很多伊斯兰教的元素,但同时还保留着其传统文化的内核。如果格班迪族对伊斯兰教的反对是因为传统文化,那么美裔利比里亚人对伊斯兰教的反对则是因为基督教和伊斯兰教由来已久的裂痕。不仅如此,蒙罗维亚美裔利比里亚人的政府还将不断扩张的伊斯兰教和经堂教育视为推广西方教育的潜在威胁。为消除这种已经觉察到的威胁,政府支持基督教进入内地传教。

利比里亚伊斯兰教的一个显著特征是其信徒是正统的逊尼派(Sunni),虽然也有一部分黎巴嫩移民定居者是什叶派(Shia)信徒。[2] 此外,从20世纪50年代中期开始,一个被其他穆斯林视作异端的教派,阿赫马蒂亚教派(Ahmadiya)在利比里亚建立,但其影响微乎其微。总之,尽管美裔利比里亚政府和基督教神职人员对伊斯兰教充满敌意,但伊斯兰教仍然在利比里亚的某些民族中间站稳了脚跟,例如在曼丁哥族和瓦伊族中,其穆斯林人口分别占总人口的90%和75%。

其他宗教运动

基督教自19世纪利比里亚建国以来就占据主导地位,伊斯兰教成为某些土著民族的宗教,而其他信仰也在利比里亚赢得了信徒。其中一个主要的准宗教意识形态就是共济会

（Freemasonry），它是随着美裔利比里亚移民的定居而进入利比里亚。共济会（the Masonic Order）成立于1851年，利比里亚权贵多有其信徒。从约瑟夫·詹金斯·罗伯茨总统开始，至少有五位利比里亚总统曾担任共济会的总会长（grand master）。虽然这些首脑的官方分类是基督徒，但他们都是坚定的共济会成员，因为共济会承载了共同体的理想，也象征着美裔利比里亚人的团结。重要的国家大事首先是在颇为神秘的共济会秘密会议上商议、决定，然后才公之于众，放在议会讨论。在求职、经商、政治任命甚至法律裁判等方面，共济会所（Masonic lodge）都给其成员提供了不容置疑的有利条件。

1970年，希诺州土著理查德·斯利卜（Richard K. Sleboe）创建了非洲天国集会教派（Kingdom Assembly Church of Africa），这是利比里亚宗教史上的一个特别事件。斯利卜曾是耶和华见证人（Jehovah's Witness movement）的信徒，他宣扬身体不朽的信条，声称其追随者将免于死亡。他的宗教组织被称为"不死教会"（never-die church），但主流的基督教团体认为其学说是异端邪说。主流基督徒相信人的肉体死亡后灵魂可以不朽，人们死后会到另一个被称为天堂的世界。受耶和华见证人教义的影响，斯利卜和他的追随者则认为他们非但不会死去，而且还将永存并承继土地。争议更大的是斯利卜号称自己有神性，追随者并没有为此而减少对他的支持。他说"忠告者"（Counsellor）和"和平王子"（Prince of Peace）分别是对圣灵（Holy Spirit）和耶稣（Jesus）的称谓。然而，1986年斯利卜的去世使他声名狼藉，大批信众退出了教派。但一些顽固派还是留了下来，他们对创始人死去造成的覆灭有不同的解释，因而形成了两个分支。很明显，该教派的成员对其信仰内核的矛盾之处视而不见：斯利卜的死已经令人对他的神性疑窦丛生，他的死亡及与其成员之间关系的终止让不朽的宣言成为谎言。所谓的永生信条颇有生命力，但面对1980年后的危机时，它虽能暂时蒙蔽人们的眼睛，却难以解决真实存在的问题。

宗教和政治

利比里亚的三个主要宗教都没有脱离政治，相反，它们或者与政治形影不离，或者已成为政治斗争的工具。作为利比里亚很多土著民族最为重要的宗教，坡罗和散蒂（以及利比里亚东南部克鲁安族民众中相应的神秘团体）是宗教和国家政治的交汇点，即使是在美裔利比里亚人统治的时代，坡罗和散蒂也规定着人们的政治行为，并对个体施加社会控制力。在坡罗和散蒂盛行之地，如果不经坡罗首领首肯，就不能做出任何决定。

坡罗不仅仅是一个宗教体系，它还行使司法权，如对死刑的审判及施加相应的惩罚。直到20世纪20年代中央政府在内陆地区全面建立控制权之前，坡罗和部落酋长密切合作，共同管理着土著的土地。坡罗是如此重要，因此20世纪30年代以来，美裔利比里亚领袖们频频向坡罗示好，试图将其纳入政府体系中。正如我们所看到的那样，从查尔斯·邓巴·伯吉斯·金（1920~1930年）到查尔斯·泰勒（1997~2003年），利比里亚总统纷纷成为坡罗成员，以此巩固其权力。总统们虽然宣称是基督徒，甚至托尔伯特还是教派高层，但这都无关紧要。对于缺乏合法性、寻求统治支柱的政客而言，操弄宗教是现成的武器。利比里亚总统和坡罗之间的关系，可以说是坡罗等本土宗教体系及政府公务员一直共同合作，融入国家的政治和管理结构，最终为政治目的而服务。

基督教和共济会也以相似的方式为政治所用，尤其是在美裔利比里亚人统治时期。立国之初，利比里亚对外宣布她是以美国为蓝本建立的基督教国家，如此政府与教会自动联合起来，以达到殖民和统治的目标。教会也愿意与政府结为同盟，因为它向利比里亚内地渗透需要国家的支持，同时国家也鼓励它在内地建立传教团和教育机构。然而，教会与利比里亚政府的关系并不总是如此亲密。政府认为，格雷博族对政府高压统治的反抗是因为在格雷博族中传教的基督教的煽动。因此，政府开始敌视基督教传教团，认为他们的活动是不受欢迎的。政府还指责教会支持土著民族学习土著语言文字，这就减少了英语的使用，而政府一直将英语作为国家统一的工具来推广。此外，欧美流传美裔利比里亚人虐待土著民族的说法，政府认为在利比里亚内陆地区工作的外国基督教传教团体要为此负责。

虽然从塔布曼总统开始，教会与国家之间的关系有所改善，但神职人员经常在讲道台上批评政府，因而两者之间的对峙依然存在。教会会直言不讳地批评托尔伯特总统的腐败和苛政，特别对米价暴涨引起骚乱和大众不满之后政府迟缓的反应进行了抨击。当政府被利比里亚军队推翻后，教会又严词谴责多伊军政权（Doe military regime）的独断专行，尤其是多伊对上一届政府成员简易审讯和处决的行径。这种形势迫使各教派成立了利比里亚教会委员会（Liberian Council of Churches），作为他们面对多伊政权专制和野蛮统治的喉舌，不断激烈谴责政府过于荒淫的行为。多伊则以教会领袖从事所谓反政府行为的罪名，威胁要鞭打教会领袖。卫理公会因反对多伊政府取消其免税的暴政，也深受多伊之害。

宗教和医学

宗教和世界观与医学之间存在着联系。每一种宗教都把大部分（甚至所有）疾病的病因归咎于恶灵的介入，因此他们都用属灵的途径解决这类问题。不过，基督教传教士率先应用"奎伊"（Kwii，如西方的或正规的）医学治疗各种困扰利比里亚民众的疾病。然而，我们必须承认，即使是传统宗教和穆斯林，也都采用某些通用的医疗技术，如诊断（不论是占卜还是体检）、草药或草药提取物（药理学）、外科手术（如正骨）和诊治等。

在许多利比里亚社区，土著骨科医生［曼丁语称为毕理特（bilite）］采用诊断或体检、按摩、心理治疗等正规的医疗方法，再配合土著或伊斯兰教的咒语进行治疗。不过，当遇到疑难杂症时，他们会求助于更有能力的人士，就像西医执业者会求助于专科医院一样。不过，不论诊断还是治疗，人们都会做两手准备，病人既可以从土著医师转到西医那里，反过来也可以从西医转到土著同行那里。当亲戚遭遇飞来横祸（如被摩托车撞了）时，人们相信这是因为他们的仇家把超自然力量放了出来,这种情况下人们往往会既看西医,也求助于神灵。

对骨折的治疗可以充分说明宗教和医学的结合,土著医生不仅在治疗之前要向神灵献祭,而且还要在一只鸡或一头羊身上制造与患者相同的骨折,然后给骨折的动物敷上跟病人一样的草药。献祭是为了消除引发疾病的恶灵,而对动物的医治进程则用以评估草药对病人的疗效。

参考文献

Bledsoe, Caroline. "The Political Use of Sande Ideology and Symbolism," *American Ethnologist* 2, no. 3 (August 1984): 455~472.

布莱索,卡罗琳:《散蒂思想体系及其象征主义的政治应用》,《美国民族学家》2,第3期(1984年8月):第455~472页。

Conteh, Al-Hassan. "Reflections on Some Concepts of Religion and Medicine in Liberian Society," *Liberian Studies Journal* 15, no. 2 (1990): 145~157.

康特,阿欧哈桑:《对利比里亚社会中宗教和医学一些观念的反思》,《利比里亚研究》15,第2期(1990年):第145~157页。

Corby, Richard A. "Manding Traders and Clerics: The Development of Islam in Liberia to the 1870s," *Liberian Studies Journal* 13, no. 1 (1988): 42~66.

科比,理查德:《讲曼丁语的商人和传教士:19世纪70年代利比里亚伊斯兰教的演变》,《利比里亚研究》13,第1期(1988):第42~66页。

Ellis, Stephen. *The Mask of Anarchy: The Destruction of Liberia and the Religious Dimension of an African Civil War.* New York: New York University

Press, 1999.

埃利斯，斯蒂芬：《无政府状态的面具：非洲内战对利比里亚及其宗教的破坏》，纽约：纽约大学出版社，1999年。

Fulton, Richard. "The Political Structures and Functions of Poro in Kpelle Society," *American Anthropologist* 74, no. 5 (October 1972): 1218~1233.

富尔顿，理查德：《克佩尔族社会坡罗的政治结构及其功能》，《美国人类学家》74，第5期（1972年10月）：第1218~1233页。

Holsoe, Svend E. "The Dynamics of Vai Culture and Islam," *Liberian Studies Journal* 12, no. 2 (1987): 135~148.

霍尔索，斯文：《瓦伊族文化和伊斯兰教的发展动力》，《利比里亚研究》12，第2期（1987年）：第135~148页。

Konneh, Augustine. *Religion, Commerce, and the Integration of the Mandingo in Liberia*. Lanham, Md.: University Press of America, 1996.

孔内尔，奥古斯丁：《利比里亚曼丁哥族的宗教、商业及其融合》，马里兰，马里兰州：美国大学出版社，1996年。

Korte, Werner. "A Note on Independent Churches in Liberia," *Liberian Studies Journal* 5, no. 1 (1971~1972): 81~87.

科尔特，维尔纳：《利比里亚独立教会解读》，《利比里亚研究》5，第1期（1971~1972年）：第81~87页。

Taryor, Nya Kwiawon Sr. "Religions in Liberia," *Liberia-Forum* 5, no. 8 (1989): 1~17.

泰耀，尼亚·奎文：《利比里亚的宗教》，《利比里亚论坛》5，第8期（1989年）：第1~17页。

注　释

1　斯蒂芬·埃利斯：《无政府状态的面具：非洲内战对利比里亚及其宗教方面的破坏》，（纽约：纽约大学出版社，1999年），第223页。

2　逊尼派是穆斯林的主流和正统，占世界穆斯林总人口的90%。什叶派主要分布在伊朗和伊拉克北部，与逊尼派的教义有很大差别。例如，什叶派信奉世袭领袖，也就是说父亲的地位由儿子继承，尊奉阿里及其后裔为穆罕默德正统继承人。阿里是先知默罕默德叔叔的儿子，将哈里发王国的首都从麦地那迁到了巴格达。

第三章　文学与传媒

> 瓦伊族文字足以与世界上最先进的书写体系——阿拉伯语和英语这两种拼音文字相媲美。[1]
> ——穆罕默德·奈叶（Mohamed. B. Nyei），
> 利比里亚教育家

> 在撒哈拉沙漠以南的非洲国家中，利比里亚也许是第一个尝试建立现代意义上新闻业的国家，利比里亚新闻界有资本值得骄傲。[2]
> ——威廉·艾伦（C. William Allen），利比里亚记者

人们普遍认为，文学的数量和媒体的规模反映了一个国家公民识字率、读者水平、受教育程度和言论自由的程度。利比里亚文学和传媒的历史可以追溯到19世纪20年代，当时移民正在这块殖民地建立国家。本章探讨利比里亚传媒和文学的发展及其对利比里亚社会的影响。识字率提高、电视和互联网的普及大大提升了利比里亚人民的社会意识。但互联网还只是局限在如蒙罗维亚这样的城市中，而且互联网的发展也受到

1980年以来国家动荡的影响。尽管如此，利比里亚人像其他国家的人一样，深受全球化的影响，尤其是通过互联网和有线电视传播的全球文化影响。这也是利比里亚服饰、音乐和文化都严重西化的原因，本书的其他章节将会讨论这些问题。

利比里亚文学

接受西方教育的利比里亚人创制土著语言文字、推广土著文学，这比其他任何西非国家都早。其主要原因在于，美裔利比里亚人来自一个教育程度很高的社会，他们把美国的教育体系和文字移植到了非洲。然而，他们面临更为古老的伊斯兰教经堂教育体系的冲撞。

伊斯兰文化和教育

正如前文所述，在18世纪或者更早时候，伊斯兰教通过曼丁哥族商人和神职人员传入利比里亚的土著社区。穆斯林商人进入利比里亚各地并定居其中，他们一边从事商业活动，一边建造用来做礼拜、教授阿拉伯语和伊斯兰教仪轨的古兰经学校和清真寺。就这样，穆斯林商人在瓦伊族、洛马族和克佩尔族等民族中扩张其商业网络和定居点的过程中，也传播了伊斯兰教和阿拉伯文化。

阿拉伯语和伊斯兰教教育贯穿着利比里亚穆斯林的一生。穆斯林的先驱者身兼二职，既是商人又是教师，在他们经商居住的社区建立了学校。这些神职人员或"卡拉莫科"总是想办法靠近当地的权贵。因此，一些权贵的孩子就进入古兰经学校学习。如今，权贵的孩子（现在也有平民的孩子）仍然上古兰经学校，在那里他们靠死记硬背学习阿拉伯语。"卡拉莫科"在每个孩子的便携式黑板上写字母表，让学生跟着他诵读《古兰经》。学生大部分时间都在学习，但也会帮助"卡拉莫科"做农活或者家务。孩子们必须牢牢记住课程内容，因此老师会训练甚至体罚学生，以此来强化教学效果，确保学生接受教学内容。所以，许多年幼的穆斯林孩子是被父母强迫去上古兰经学校的。像其他教育机构一样，古兰经学校也分为高低不同的年级，高年级学生通常会帮助低年级学生。学生们学习古兰经要通过四大阶段，每个阶段告一段落时，都要由学生的父母为师生提供一顿带有仪式性质的大餐。古兰经学校的课程要确保学生能够阅读、背诵，进而能够理解、解释和应用《古兰经》。学校也期望优秀的学生们将来能把《古兰经》翻译成他们的母语。

　　《古兰经》的教学是一项长期艰巨的任务。一般来说，孩子们需要长达11年的学习才能达到预期的熟练程度。之所以要花费这么长时间，一方面是因为学生要完成自己的学业，另一方面是学生还要为"卡拉莫科"服务，因为他们几乎不用支付学费。因此，他们要花一半的时间在"卡拉莫科"的农场干活，然后用剩下的时间来完成学业。在课程结束后，优秀的学生已经可以掌握整个《古兰经》。

　　阿拉伯和伊斯兰文化在商业及日常生活中都有较大的使用价值。首先，它提升了人们的智识，比文盲有一定的社会优势。其次，穆斯林知识分子能够为统治者和其他当地权贵出谋划策。第三，用阿拉伯语的书面或口头形式进行沟通，不仅可以调节官员和民众二者之间的关系，还有利于开展远距离的商贸和通信。第四，鉴于阿拉伯语和伊斯兰教在西非萨赫勒地区是通行的商业和外交语言，伊斯兰教育产生了巨大的政治、经济力量和优势，它把信徒与一个更广阔且充满生机的世界联系起来。第五，从住在几内亚森林里的居民和伊斯兰教接触开始，伊斯兰"卡拉莫科"就一直被尊为有强大魔力的神。因此，统治者和平民都希望接近他们，以获得药水和护身符的庇护，从而取得战争中的胜利或事业上的成功。通常情况下，这样的护身符和药水出自《古兰经》的某些片段，只有精通《古兰经》的人才能制作出来。然而，在现代公共服务领域，伊斯兰教育的实用价值并不体现在就业领域，精通英语对于就业来说才是首要条件。但西方教育与伊斯兰教育的结合改善了这种劣势，学生可以同时接触两个系统的教育。当代西式穆斯林学校建立了正规的课程体系，在其核心课程中以正规授课的方式提供伊斯兰教育。在这样的学校里，阿拉伯语被当做一门外语来教授。这种伊斯兰和西式的融合是非常明智的，但鉴于利比里亚是一个世俗的基督教国家，无论是经堂教育还是西式伊斯兰学校都无法获得大量的政府拨款。

本土文字和文学

利比里亚历史上最重大的事件之一是数个土著民族创制了其民族文字。[3] 在不同的历史时期，瓦伊族、巴萨族、克佩尔族、戈拉族、洛马族、格雷博族和基西族都分别创造了自己的文字。尽管可能只是臆测，但据说在大约公元前 500 年巴萨文就产生了。巴萨文中的"瓦赫"（*Vah*），意为"启示"，表示借助符号传达信息。信息是通过放在重要位置上的树叶齿痕进行传递，接收人会读取和理解树叶齿痕所代表的含义。他们还通过雕刻树皮传达信息。这种原始的标记语言后来演变成为一门复杂的书面语。巴萨文被巴萨族奴隶带到美洲［根据口述资料，一位名叫迪拉赫（Dirah）的男子和他的伴侣托曼女士（Madam Toeman）将巴萨语带到美洲，他们的儿子詹尼·迪拉赫（Jenni Dirah）发展了巴萨语］并代代相传。在新世界的幸存下来的巴萨语（在巴西和西印度群岛）被弗洛·达尔文·刘易斯（Flo Darwin Lewis）发现。刘易斯是一位利比里亚巴萨族，在美国雪城大学（Syracuse University）学习。他在利比里亚发起了一场复兴巴萨文或字母的运动［被称为艾尼卡瑟法（Ehni Ka Se Fa）］。虽然刘易斯获得了一台文字印刷机，并成立了研究"瓦赫"的机构，但他还没有实现自己的梦想就去世了。然而，巴萨语言协会（Bassa Vah Association）让人们重燃热情，协会以巴萨文出版世俗文学和宗教文学，包括报纸。到 20 世纪 70 年代初，利比里亚教育部正式承认瓦伊文和巴萨文是本土语言文字，并纳入利比里亚大学的课程，但没有人教这门课。

  瓦伊文比巴萨文更有名，人们公认为这是一项伟大的天才发明。虽然关于瓦伊文的创制和发展往往只见于神话，但人们普遍认为这种文字是由一个名叫莫莫卢·杜瓦鲁·布克莱（Momolu Duwalu Bukele）的青年男子创制的。传说他在梦里得到灵感，完成了这一伟大创造。这个梦里，他和一直鼓励他的朋友们一起合作，共同创造了瓦伊文。更确凿的证据显示，布克莱早年寄居在利比里亚海岸。在那里，他体验到识文断字的力量，这引导了他去创造文字，超自然的力量或许进一步地激励着他去从事这项事业。

无论如何，瓦伊文的创制要等到1819年布克莱从利比里亚海岸返回故乡之时。布克莱和朋友们在绍度（Dshondu）建立了一所学校并教授瓦伊文，这引起了人们的广泛兴趣。19世纪初的部族战争摧毁了设立在班达库拉（Bandakolo）、玛那（Mana）和其他瓦伊族定居点的学校，但瓦伊文的传播并未因此中断。虽然学校在冲突后并未恢复，但是瓦伊文得以保存和继续传播，并为另一位著名的瓦伊族人莫莫卢·马萨奎（Momolu Massaquoi）所发扬光大。马萨奎受过西方教育。20世纪20年代，马萨奎在一家学校作负责人，他利用这一职位向学生引介瓦伊文。1929年，马萨奎任期届满后，另一位瓦伊族人詹加巴·约翰逊（Jangaba Johnson）在当地学校继续从事瓦伊文的研究。这些持续的努力终究得到了回报，利比里亚大学于1963年启动了瓦伊文字的保存研究工作。

像其他文字系统一样，专家们经过多年努力才把瓦伊文完善和标准化。瓦伊文是地地道道的声母和韵母结构。然而，它采用音节而不是字母来表示单词。人们通过凸显某个单音节或多音节来表达词语在某一情境中的含义。这意味着人们必须精通这门语言才可以熟练地使用它。20世纪80年代，瓦伊文已形成稳定的、广为接受的字母系统，并成为通用语言，这样就有可能把鸿篇巨制的《古兰经》翻译成瓦伊文。穆斯林和基督教传教士利用这一点在利比里亚传教。穆斯林教师将阿拉伯语短文翻译成瓦伊文方便他们教学，同时基督教青年会（Young Men's Christian Association，缩写为YMCA）创办的报纸上还有一个瓦伊文版的时事通讯专栏。

瓦伊文的创制和传承产生了重要影响，它为一个社群创造了独一无二的由三种文字构成的语言系统。它借用了源于伊斯兰教的阿拉伯文字、源于基督教和西方文明的罗马文字（Roman script），瓦伊文不仅对利比里亚甚至对整个非洲文字的多样性都做出了巨大贡献。在一个大量穆斯林人口以阿拉伯语作为通行的书面语言、同时很多年轻人还要学英语的社群中，瓦伊文不仅只是为人们提供情感上的支持。例如，20世纪80年代，瓦伊文已被用于商业和个人通讯，包括商业记账和勾画工程图等。

农民、工匠和商人用瓦伊文从事商业活动，其他人则用它记录家庭或部族历史、格言和民间故事。甚至有宗教组织用瓦伊文书写章程及细则。据报道，大约在1980年进行的一项调查显示，瓦伊文主要用于通信和记账。瓦伊文还被用来记录会议备忘录、房产税支出、公共工程的详细信息、丧礼礼金等。在对技术要求更高的职业中，瓦伊文被用来记录客户做衣服的尺寸、做衣服所需的布料数量、泥瓦匠盖房子所需砖的数量和木匠结构设计的规格。

20世纪30年代，彼利（Gbili）创建了克佩尔文字。彼利是邦州萨诺耶（Sanoyea）的最高首领。据说彼利曾梦到瓦伊文。前面的章节说过，利比里亚人非常重视梦，所以跟其他民族文字一样，有这样一个超自然的起源大大增加了克佩尔文在人们心中的分量。然而，不同于瓦伊文，克佩尔文的学习和使用最开始只限于精英阶层。只有拥有特权的人——酋长和挑选出来的人，其中包括彼利数位妻子中的一位，内尼缇（Nenitee）——才能学习和掌握这种文字。20 世纪 30 年代到 40 年代，越来越多的人过往商业重镇萨诺耶，克佩尔文开始普及。直到 20 世纪 60 年代后期彼利酋长去世为止，他和他的前任酋长李·颇鲁·马拉·耶鲁（Lee-polu-mala-yale），一直支持克佩尔文的传播。克佩尔文像瓦伊文一样被用来记账，尤其是商店存货和纳税申报。而且克佩尔文跟瓦伊文一样是音节文字，一个符号由一个音节而不是一个字母来表示，阅读顺序是从左至右。

克佩尔文自 20 世纪 30 年代创制以来一直处在演变之中。因此，尽管各地的克佩尔文保持着高度的一致性，但不同地方的克佩尔文还存在着很多差异。克佩尔文在创制初期似乎曾受过早期本土文字和外国文字的影响，但克佩尔文却没有模仿其中任何一种语言，她仅仅受到了阿拉伯神秘拼写方式的细微影响。和瓦伊文一样，克佩尔文是完全本土的发明，因此其使用人数有限。而且随着英语和阿拉伯语越来越多地应用于利比里亚官方和商业场合，使用瓦伊文的人数在逐渐减少。

洛马文也是在 20 世纪 30 年代，由维多·佐保（Wido Zobo）在几个人的帮助下共同创造的。维多也把洛马文的创制归于神在梦中的启示，还有一位名叫莫里巴（Moriba）的织布工协助他制定文字字符。像瓦伊文、巴萨文和克佩尔文一样，人们用洛马文通信。洛马文之所以能够传播，有一个重要的前提条件是，学生要向老师宣誓学成之后一定要传授给他人。然而，与其他本土文字不同，洛马文几乎完全由初级字符（primary characters）构成，它的变音字符（diacritics）很少，因此没有形成次级字符（secondary characters）。

本土文字的创制和使用体现了利比里亚土著天才们的能力和创造力。在非洲任何一个地方都没有出现如此集中的本土文字。同时应该认识到，在本土文字的发展过程中，瓦伊文起到了示范作用，西方与阿拉伯的文字起到了间接的促进作用。由于英语在利比里亚和世界范围内的现代官僚体系和国家机构中占有压倒性的优势地位，利比里亚的本土文字并没有在更大的地理和文化范围内得到广泛应用。值得注意的是，某些本土文字在创制之后还有进一步的发展，仍被应用于商业记账、历史记录、私人通信等场合。还有一些土著文字被用来记录其民族的神话和口传文学。利比里亚杰出的诗人拜·蒂米亚·约翰森·摩尔（Bai Tamia Johnson Moore，1916~1988年）用瓦伊文写过不少诗《Maya I seneo》[4]。人们认为，"这些文字的设想、阐述和应用是非洲文化的一大成就。"[5]

利比里亚文学的一个重要趋势是，以本土语言完成的文学作品再用英语展示出来。拜·摩尔是这一趋势的集中体现。摩尔的父亲是瓦伊族人，母亲是戈拉族人，因此摩尔精通这两种语言，并用这两种语言写下了许多高质量的诗。1941年，摩尔从美国返乡，用戈拉语写了一首诗"Ko Bomi Hee M Koa"，描写他对家乡的印象。诗的其中一节用英文描述如下：

> Go tell my mother（去告诉我的母亲）
> To bring my root pot（带着我的绿植根罐）
> To Bomi I'm going（去向我要前往的波密）
> Where I'll do my stuff（在那里我要努力工作）
> And sweat it out hard.（坚持到底）

海外游子努力工作、心系非洲故土的情怀,在这首诗中表露无遗。

英语文学

19世纪20年代,美裔利比里亚人的到来,标志着西方文化开始在利比里亚本土化。1865年,第一所正规学校在大角山州(Cape Mount)罗伯茨港建立,美裔利比里亚传教士丹尼尔·韦尔(Daniel Ware)在其住处用英语教育一些瓦伊族的男童女童,英语这种新文字开始慢慢传播。19世纪70年代,圣公会建立了圣约翰学校,这标志着基督教开始向瓦伊族传播,这也是西方文化在利比里亚内地传播的一个转折点。对于瓦伊族而言,圣约翰教会学校及其姊妹学校——伯大尼(Bethany)教会学校,几乎是所有接受西方教育的瓦伊族精英们的摇篮。

在19世纪初,利比里亚英语文学随着西方文字的传播得到蓬勃发展。爱德华·布莱登(Edward W. Blyden)是那个时代利比里亚最著名的学者和作家。布莱登是一个著名的泛非主义者。本章末尾我们将谈到,作为《利比里亚先驱报》(*Liberian Herald*)报社的主编,他把报纸办得更像是文学期刊而非新闻类刊物。后来,布莱登被聘任为利比里亚大学教授。布莱登几乎是自学成才,他对解决黑人的困境有许多开创性的理念,这些理念又成为一批泛非主义作家和思想家的思想源泉,如马库斯·加维(Marcus Garvey)、恩克·鲁玛(Kwame Nkrumah)、纳姆迪·阿齐克韦(Nnamdi Azikiwe)、塞古·杜为(Sekou Toure)、詹姆斯和谢克·安塔·迪奥普(Cheikh

Anta Diop）等。

布莱登绝对是当之无愧的泛非主义之父。虽然三度担任利比里亚国务卿和驻英国大使，但他仍然抽出时间研究伊斯兰教和非洲的宗教、文化和政治思想。研究的结果是，他非常欣赏非洲本土的宗教和传统，反对西方支持的基督教。他的著作《基督教、伊斯兰教和黑种人》（Christianity, Islam, and the Negro Race, 1887）反驳了那个时代的主导思想——拯救非洲需要依赖西方国家及其主导文化。布莱登提出了一个强有力的主张——非洲发展要走一条自治的、以非洲为中心的路径。他还开创了非洲是西方文明摇篮的学说，塞内加尔的谢赫·安塔·迪奥普（Cheikh Anta Diop）推广了这一学说。这一学说的具体内容是：非洲（特别是埃及）是西方文明的发源地，希腊、罗马则是连接尼罗河流域古老的非洲文明和现代欧洲文明之间的纽带。

在之后的几年中，一批新的利比里亚学者和作家逐渐成长为诗人和文学家。拜·摩尔是一位杰出的诗人、小说家、散文家和民俗学家。他早年在美国接受农学培训，回国后成为利比里亚的政府官员。他曾担任联合国教科文组织（UNESCO）的项目主管，卸任后，塔布曼总统任命他为负责文化事务的副国务卿。摩尔合作编辑和创作了诗歌集《山谷回声》（Echoes from the Valley），创作了诗集《乌木尘》（Ebony Dust, 1962），关于背叛的故事《木薯片里的谋杀》（Murder in the Cassava Patch, 1963），以及时评《钱生钱》（The Money Doubler, 1976）。他为故事集《利比里亚作家写的四个故事》（Four Stories by Liberian Writers, 1980）撰写了其中一个故事。他还与另一位著名的利比里亚作家詹格巴·约翰逊（Jangaba Johnson）合作，出版了一本利比里亚民间故事集《非洲故事树剪辑》(Chips from the African Story Tree)。

鉴于其文学作品涉及范围之广，拜·摩尔被公认为当代利比里亚英语文学之父。他的作品在真正意义上体现了本土文化的底蕴。早在20世纪50年代，他的诗歌已经被收录入多本国际诗集，他的诗歌还被翻译成多国语言。拜·摩尔的文学作品涵盖了利比里亚人城市和农村地区的日常生活，甚至超越非洲范围描述了他的国际经验和视野。他的文学作品反映了大众的艰苦劳作、宗教偏见和虚伪、不求回报的爱、两性关系、唯物主义和世界和平等内容。

摩尔的作品用洋泾浜英语和标准利比里亚英语写作，文字通俗易懂，妇孺皆知。他的方言诗《蒙罗维亚集市妇女》(Monrovia Market Women) 生动地描述了一幅画面——利比里亚妇女们在战前抗争的情境，这种场景在今天仍然适用。这首诗收录在诗集《草根》(Grassroots) 中。在这首诗和他的其他作品里，摩尔成功地突出了善与恶、美与丑、农村和城市、崇高与荒谬。在《散蒂女孩》(Sande Girl) 中，他捕捉到刚加入散蒂的年轻女性的淳朴美德。他的作品涉及众多的主题和领域，这种能力令其他利比里亚作家望尘莫及。他还能够很流畅地使用各种语言（土著、洋泾浜英语或标准利比里亚英语）表达其诗歌和散文的意义。

威尔顿·桑卡乌洛（Wilton Sankawulo）是一位小说家，曾于1995~1996年担任利比里亚政府国务委员会主席，是小说家、利比里亚大学英国语言和文学教授。他的著作包括

《利比里亚的托尔伯特》(Tolbert of Liberia, 1979年)、威廉·托尔伯特总统的传记、两部小说——《雨和夜》(The Rain and the Night, 2001年) 和《黎明的日落：利比里亚的奥德赛》(Sundown at Dawn: A Liberian Odyssey, 2005年)。摩西·纳格比（K. Moses Nagbe）也是利比里亚大学英国语言和文学教授。他的作品描写了残酷的现实和利比里亚内战带给人们的创伤。他的诗歌多是回忆苦难时光，包括《众神崛起，时代的思考》（The Gods Rise, Thinking Through the Times）、《难民的消息》（Message from a Refugee）、《分割线》（Dividing Line）、《欢迎回家》（Welcome Home）、《肖邦》（Choppin）和《走在曲折的路上》（Down the Winding Road）。《众神崛起》这首诗反映了20世纪八九十年代利比里亚人在旷日持久的危机中的情绪。

帕特里夏·杰比·韦斯利（Patricia Jabbey Wesley）是宾夕法尼亚州印第安纳大学的文学教授，以著名诗人的身份成为一颗冉冉升起的利比里亚女性文学新星。她先后在利比里亚和美国接受教育，是利比里亚内战的受害者，对于内战的回忆贯穿了她的诗歌和其他文学作品。她的主要作品包括《在棕榈花盛开前：非洲的诗》（Before the Palm Could Bloom: Poems of Africa, 1998）、《化为乌木》（Becoming Ebony, 2003）和一些学术短文。

总之，利比里亚文学包括用本土语言、阿拉伯语和西方（罗马）文字来表现的很多作品。每种文字呈现的文学作品在质量、规模和效用方面各不相同。本土语言（例如瓦伊语）和阿拉伯语在乡村及农村地区使用较广；而英语作为商业官方语言，更多地在公共生活中得到应用（正式的经济组织、政府和公立学校），因此可以说是一种城市语言。此外，阿拉伯文和英文通过宗教机构得到传播，英语还利用公立学校这一渠道广泛传播。伊斯兰教和阿拉伯语紧密相连，清真寺、伊斯兰学校、贸易网络和农村生活共同推动了阿拉伯语在利比里亚内陆农村地区的传播。瓦伊语缺乏英语和阿拉伯语那样的传播机制。事实上，瓦伊语的传播和使用都更偏向日常使用，没有外力强迫或物质刺激人们去学习瓦伊文。与阿拉伯语和英语不同，瓦伊语基本只有土著使用，帮助人们在天各一方时互诉衷肠。总的来说，利比里亚用不同文字写作的文学作品没有优劣之分。不同宗教信仰或有着不同学术造诣的作家，他们的诗歌、散文和历史著作都在描绘着利比里亚生活与文化的方方面面。

利比里亚的媒体

利比里亚的新闻业历史悠久，在西非地区出现最早。1825年，马萨诸塞殖民协会刚在利比里亚建立了一块殖民地，就斥资近600美元购买了一台手动印刷机，利比里亚的新闻业从此开始了。利比里亚新闻业先驱查尔斯·福斯（Charles L. Force）是一位非裔美国籍印刷工和记者。1826年2月，他带着那台手动印刷机来到利比里亚。1826年2月16日，在抵达利比里亚后仅仅第十天，他就出版了半月刊报纸《利比里亚先驱报》的创刊号。然而，《先驱报》亮相仅仅数月之后，查尔斯就溘然长逝了，这份报纸也随之没落。1830年，《利比里亚先驱报》在约翰·鲁斯沃姆（John B. Russwurm）的手下得以重生。约翰·鲁斯沃姆是来自缅因州的移民，曾任美国《自由杂志》（*Freedom's Journal*）的联合主编。1836年，鲁斯沃姆转往马里兰州工作，希拉里·题格（Hilary Teage）接手担任报纸主编。题格一直干到1862年，著名学者、思想家爱德华·布莱登接手了报纸主编一职。从创办之初到布莱登开始主管，这份报纸广泛报道了各类新闻事件，但布莱登却把报纸的重心从新闻转移到文学和散文。报纸销量因此大受影响，并在布莱登任管理者期间渐渐衰退直至停刊。

与此同时，其他报纸也逐渐出版。《护身符》（*Amulet*）、《利比里亚之星》（*Liberian Star*）和《非洲人物》（*Africa's Luminary*）都在1839年首次亮相，但它们命运各异。其他报纸很快都停刊了，但《非洲人物》还坚持在七年之间持续出版半月刊。《非洲人物》靠圣公会提供的补贴支撑了数年，最终于1846年停刊。从《非洲人物》停刊到20世纪开始，20多份报纸和杂志此起彼落，包括《利比里亚倡导者》（*Liberian Advocate*）、《利比里亚哨兵》（*Liberian Sentinel*）、《共和党》（*Republican*）、《新非洲》（*New Africa*）、《真辉格党》（*True Whig*）、《每周间谍》（*Weekly Spy*）、《浸信会的告诫》（*Baptist Monitor*）、《利比里亚纪实》（*Liberian Recorder*）和《蒙罗维亚观察家报》（*Monrovia Observer*）。《观察家报》是基于格言"信仰基督教的利比里亚为野蛮的非洲打开大门"创办的。

19世纪后期，《观察家报》作为一份活跃的报纸，发挥了有效的监督和动员作用。除了支持教育、戒酒、穆斯林传教、利比里亚内地的土著（当时被称为部落），《观察家报》还监督包括内阁部长在内的政府官员，令他们为其行为负责。《观察家报》对新兴的利比里亚社会和政治持批判态度。《利比里亚哨兵》和《真辉格党》分别创办于1854年和1868年，均由罗伊（Roye）创立。罗伊是一个成功的商人和政治家，后来成为利比里亚总统，但却在悲剧和争议中结束了总统任期。两家报纸都非常短命，主要是为罗伊的政治野心服务。

到了19世纪最后十年，利比里亚报纸被民营企业垄断。这个情况随着1892年利比里亚国务院新闻局出版《利比里亚官方公报》（*Liberian Official Gazette*）而发生了改变。不出所料，《利比里亚官方公报》主要报道政府部门的活动和社会精英的新闻。报纸名称在1897年被缩短为《利比里亚公报》（*Liberian Gazette*）。

19世纪的报纸大多没能延续到20世纪，逐渐被新的报纸所取代，如《非洲联盟》（*Africa League*）、《农业世界》（*Agricultural World*）和《利比里亚与西非》（*Liberia and West Africa*）等。期间最成功的报纸或许是成立于1897年的《利比里亚记录者》（*Liberian Recorder*）。就像当年的《观察家报》一样，《记录者》自1899年起成为一份广泛报道公众感兴趣的新闻事件、焦点明确、吸引式各样读者的报纸。令人惊讶的是，在那个时代，尽管报纸的主编——霍华德（T. W. Howard）一直是执政党的主席，但他却极力主张在利比里亚实行多党民主，支持反对党弹劾执政的真辉格党。政治领域之外，《记录者》倡导农业的合作化生产，要求提高农产品价格，解决其他农业问题。顾名思义，《记录者》区别于其他报纸的地方在于，它记录了利比里亚在历史进程中的大事。随着大量广告费的收取,《记录者》逐渐成为一家蓬勃发展的企业。作为公众兴趣表达的出口,它根据人们不同的兴趣设立单独的版块,如政治、宗教、种族、教育和社会问题等,同时它还发布了读者给编辑写的信件。然而,在经历了跌宕起伏的命运之后,《记录者》于 1906 年停刊。

从 20 世纪的第一个十年算起,《利比里亚和西非》和《非洲联盟》(*Africa League*) 成为利比里亚报纸的领头羊。尽管《非洲联盟》于 1909 年就停刊了,但它因反对亚瑟·巴克利(Arthur Barclay)总统企图修宪将两年总统任期延长为四年而闻名。《利比里亚和西非》存活的时间更久,一直到 20 世纪 30 年代初。因为《利比里亚和西非》是卫理公会教派印刷出版的,所以它报道的主要内容是传教工作,而对普通读者关注的世俗问题不够重视。1932 年,由于编辑方向的分歧,《利比里亚和西非》最终停刊。

1932 年《利比里亚和西非》的停刊并不是一个孤立的事件。1930 年至 1933 年期间,全世界都处于经济大萧条中,同时利比里亚因为费尔南多波岛丑闻(Fernando Po scandal)而受到国际联盟审判。新的报纸在短暂繁荣后又归于沉寂,包括《非洲民族主义者》(*African Nationalist*)、《非洲守望者》(*African Watchman*)、《本森维尔车夫》(*Bensonville Whip*)、《克洛泽维尔观察家》(*Crozierville Observer*)、《利比里亚危机》(*Liberia Crisis*)、《利比里亚爱国者》(*Liberian Patriot*)、《马里兰新闻》(*Maryland News*)、《小喇叭》(*Trumpet*)、《明镜周刊》(*Weekly Mirror*)、《旋风》(*Whirlwind*)和《青年文学指南》(*Youngmen's Literary Companion*)。由于当时经济萧条、政局混乱,加上报纸经营管理不善、订阅数量有限,这些报纸纷纷停刊。

第二次世界大战之后,利比里亚的报业终于进入繁荣发展期。首先,战后的初级产品出口热潮(橡胶、棕榈油等)为报业复兴创造了有利的环境。其次,1943 年具有重要转折意义的选举和反对党发表言论的需要,也为报纸的兴起提供了政治条件。《利比里亚时代》(*The Liberian Age*)是 1946 年 5 月成立的一家民营企业。起初每周一刊,后来变成每周二刊,周二和周五发行。《利比里亚时代》很快成为国家执政党真辉格党的喉舌。反对党也建立了自己的报纸:《每日听众》(*Daily Listener*)、《独立周刊》(*Independent Weekly*)和《朋友》(*Friend*)。1950 年 5 月 22 日《每日听众》首次亮相,成为利比亚第一份日报。但这些报纸在执政党及其支持者的敌对态度和强硬措施下纷纷倒闭。1950 至 1970 年之间,《利比里亚先驱者》(*Liberian Herald*)、《利比里亚之星》、《棕榈杂志》(*Palm Magazine*)、《工商期刊》(*Journal of Commerce and Industry*)等其他报纸纷纷创建,但它们的命运各不相同。

19 世纪以来,利比里亚的报纸起起伏伏。和世界其他地区的同行一样,他们不得不面对审查或恐吓。当然,新闻界并不只有悲哀的故事。事实上,19 世纪的一些报纸还可以批评政府官员,支持涉及国家政策方面的司法独立(例如,如何对待内陆地区人民、戒酒),传达公共舆论,这都说明利比里亚新闻业在某些时期享有一定程度的自由。但恐吓记者、审查新闻、关闭报社和起诉记者的例子比比皆是。《朋友》的印刷机被彻底毁坏,《非洲民族主义者》(*African Nationalist*)和

《独立周刊》的编辑因为诽谤包括总统在内的政治精英被判处为长期监禁。对新闻界的高压手段是基于利比里亚政府的一项法案，即对诽谤利比里亚总统或者驻利比里亚外国政府代表的行为实行重罚。1925年的虚假出版法案（False Publication Act）还规定，针对政府官员公职适任性的"有害和虚假"言论将受重罚。因此，新闻界变成了懦弱记者和谄媚文化的集结地。记者们对政府官员和其他权贵的批评意见从此受到压制。因1924年法案（关于刑事诽谤罪的处罚规定）和1925年法案而遭到定罪的记者包括《非洲民族主义者》的弗雷德里克·泰勒（C. Frederick Taylor，两次）、《独立周刊》的伯莎·科尔宾（Bertha Corbin）和疃·雷（Tuan Wreh）。他们都被长期监禁并被禁止从事新闻活动。

利比里亚总统威廉·塔布曼长时间的任期（1944~1971年）为后来美裔利比里亚人统治之下的媒体定下了基调。这种基调就是塔布曼总统积极地阻碍新闻活动。1955年总统大选，当塔布曼面对即将到来的失败时，他采取强盗方式来恐吓反对党，封锁新闻报道。独立报人受到政府特工的人身攻击，这种情况在特工捏造犯罪情节、诬陷并收监反对派领袖人物之后尤为猖獗。政府对媒体采取的高压政策使得利比里亚民众不敢从事新闻行业。安全起见，他们选择在政府公共部门服务或从事与新闻无关的工作。在当时情况下，利比里亚本身不提供正规的新闻行业培训；西柏林新闻研究所（West Berlin Institute of Journalism）是仅有的培训机构。因此，来自非洲其他国家的外国记者，特别是加纳和尼日利亚的记者，填补了利比里亚新闻业的岗位空缺。尽管塔布曼的继任者托尔伯特继承了敌视新闻界的传统，但他比前任宽容。然而，在他任期的最后一年（1979~1980年），他也镇压了新闻界和反对派，这导致了他的倒台。

虽然在美裔利比里亚人统治期间利比里亚媒体遭遇各种艰辛，但是在1980年4月政变后这种情况却大为不同。利比里亚第一次由内陆土著民族和军队统治。但糟糕的是，他们的统治没有获得合法授权。不过，政变及新政府许诺的矫正政策让人们欣喜若狂。民众满肚子的冤屈瞬间得以释放。在此期间，新政权发言人宣布授予新闻业"充分的自由"以履行其职能，新闻业不受任何约束，这使得报业对新政府颇有好感。但发言人补充说，记者要对报道的任何内容"自行承担全部责任"。这是一个不祥的暗示，利比里亚新闻业不久就失去了短暂的美好时光。在多伊统治的十年任期内（1980~1990年），报业蓬勃发展，出现了30多种报纸，其中大多是私有的报纸。其中有8种报纸专门从事体育报道，但大部分都只是昙花一现。发行量大的报纸，只有极少数的像《每日观察者》（*Daily Observer*）、《黄金年代》（*Sun Times*）和《今日足迹》（*Footprints Today*）是真正独立的，其他似乎都是为支持多伊政府而存在。

1981年9月，多伊政权开始实施新闻审查，很快取缔已有的和潜在的反对派。多伊政权的专制和腐败，加上由于缺乏合法性而产生的不安全感，让多伊政权更倾向于打压新闻业和民间组织。1981年2月，《每日观察者》［由资深记者肯尼斯·贝斯特（Kenneth Y. Best）出版，鲁弗斯·达帕（Rufus M. Darpoh）任总编］的出现促成了多伊政府和新闻界之间的公开对抗。在一系列的新闻报道和社论中,该报突出了一些政府官员的负面消息,政府因此宣布限制新闻的自由。和其他专制的军政府一样,多伊政府在许多方面阻扰《每日观察者》:嘲弄、恐吓报纸出版商和编辑,当报纸发表了敌对政府的文章时对该报处以罚款,驱逐了该报的三名外籍员工,五次关闭了报社。1990年3月,政府还指使人纵火破坏了报社所在地。

当多伊政府和《每日观察者》之间展开持久战时,另一份牵制政府过激行为的报纸出现了。《足迹》(Footprints)在1984年3月创刊,由莫莫卢·瑟利夫(Momolu Sirleaf)律师发行,第一任主编是威廉·艾伦(C. William Allen)。和《每日观察者》一样,《足迹》也成为政府的眼中钉。因报纸刊登攻击性的文章,报纸刚创刊六个月,出版商和体育编辑未经审判就被拘留了。迫于人们对政府施加的压力,约瑟夫和艾伦被释放。获释之后,他们控告政府侵犯了他们的基本人权,这使他们再次被逮捕并在一个臭名昭著的军事营地里被拘留55天。1984年,《每日观察者》的编辑鲁弗斯·达帕(Rufus M. Darpoh)遭受了同样的命运。仅凭怀疑他写作或发起在国外报纸上发表敌对政府的文章,政府未经审判就在一个专门关押惯犯的偏僻军营里拘留了达帕六个月。在国内外的压力下,他被释放了。他最终转移到《太阳时报》(SunTimes)任编辑。该报纸由多伊政府的副部长西尔维斯特·格雷斯比(Silvester Grisby)出版。但政府援引臭名昭著的《反出版法案》即88A号法令,关闭了这家报纸,理由是这家报纸刊登了针对1985年总统选举候选人、多伊竞争对手巴库斯·马修(Baccus Matthew)谋杀企图的文章和社论。

多伊政府不仅没有停止对记者的逮捕和拘留，还开发了其他形式的恐吓，包括1981年对国有广播公司电台经理进行公开鞭打。记者经常遭到警察和政府打手的殴打。1986年，利比里亚新闻联合会（Press Union of Liberia）正式发布声明，抗议安全机关对新闻记者"持续的骚扰和恐吓"。但这种侵犯人权的行为得到军政府法律的支持，尤其是1984年7月21日第88A号法令授权安全机关逮捕和拘留任何"针对政府官员或个人，以口头的、书面或公共广播的形式散布谣言、谎言和错误信息的人。"1986年，政府为了缓和新闻界和公众的压力对法令做了修改，但直到1990年多伊的政权垮台，法令才被废止。

在多伊政权统治（1980~1990年）期间，利比里亚新闻从业者经历了一连串恐吓、审查、逮捕、未审讯的逮捕和谋杀。广播电台记者查尔斯·葛比永（Charles Gbeyon）的神秘死亡是多伊政权对报社压迫的顶峰。他的死是因为一场失败的政变。多伊的昔日战友托马斯·奎旺克帕（Thomas Quiwonkpa）将军发动了这场政变，他占领了电台并宣布要推翻多伊。但政变很快失败了，同情奎旺克帕将军的人，包括葛比永全都被处死。政变时葛比永正在值班，虽然他没有机会反抗武装占领电台的人员，但多伊下令暴力逮捕了他。随后，官方宣布葛比永因自身携带枪支意外擦枪走火而死亡。

利比里亚内战结束后，查尔斯·泰勒总统的当选标志着利比里亚媒体进入新的发展阶段。国家恢复了和平，这促进了新闻媒体业的发展。到1999年，首都蒙罗维亚出现10份报纸，全国出现7个电台。然而，无论是印刷媒体还是电子媒体，在战后几年都面临巨大的挑战。首先，除了一个国有报纸以外，其他报社都面临严峻的资金、技术和物质困难。糟糕的道路增加了流通的成本；高昂的印刷成本以及由此产生的高售价限制了销量；低识字率进一步限制了读者规模。第二，鉴于泰勒政权的镇压本性，媒介遭受国家多方面的围剿，导致报社被关闭，记者被骚扰。记者面临强大的压力，他们无法获取信息并遭受政府的各种敌意。1998 年，政府采取了严厉的措施压制新闻业。政府规定报社和电台必须在其银行账户有最低 10 000 美元的存款额才可以运营，报纸必须达到 4000 份的最低发行量。正如人们预料到的那样，法规的执行具有选择性和报复性。

利比里亚的电子媒体包括广播电台和电视台，由众多利益集团控制。真理电台（Radio Veritas）由罗马天主教会所有（截止到 1999 年底）；明星电台（Radio Star）受到瑞士资金支持；利比里亚通讯网络（Liberia Communications Network）为总统所有；利比里亚广播系统（Liberian Broadcasting System）由政府所有。以上这些电子媒体，除了政府或总统所有的，都面临各自的问题。总统持有的电台是唯一覆盖整个国家的电台（短波波段）。由于运营成本高，特别是由燃油发电机供电的负担过重，其他电台不得不限制广播时间或者不定时地零散广播。

2000 年 5 月，总统查尔斯·泰勒关闭了真理电台和明星电台，中止了明星电台的互联网服务，并宣称它们对公众安全造成威胁。这些媒介通过推出观众热线电话直播节目，允许公民对政府的政策和绩效进行评论，这显然激怒了政府。同样，两份报纸——《问询报》（*Inquirer*）和《新闻报》（*News*），与其他陷入困境的电台一样暂停营业。在真理电台签署了一项同意限制广播宗教事务的协议后,真理电台的禁令才得以解除。

总之,从早期开始,利比里亚的媒体就处于受压迫状态。历届政府的腐败、不公正和压迫统治,使政府站在新闻界的对立面,新闻界一直遭受政府的敌视。鉴于政府具有制定和执行正义和非正义法律的强制力,报纸和广播记者为了践行职业理想,都付出了高昂的代价。那些服务于政府的报社不得不讨好政府或报道虚假新闻,以获得足够的运营资金或免于激怒政府而勉强生存。如果他们试图采取独立或公正的姿态,就可能激怒国家监管部门。实际上,所谓的国家安全,意味着对政府官员的腐败行径保密,这严重束缚了利比里亚新闻业的发展。正如我们所看到的,那些勇于独立客观报道的媒体,不得不承受着人身攻击、骚扰、未经审讯的拘留、关闭报社,甚至死亡的危险。

此外,利比里亚新闻界也面临着运营的问题。首先,经济总量和私营部门的规模太小,媒体无法从广告中获取足够的收入。由于大部分的广告来自国营公司,政府可以通过操纵收入来源对独立媒体实施经济报复。政府可以对媒体施加压力或从反对政府的媒体中撤走广告,最终削弱报纸的力量。更糟的是,民营企业发现,从反对政府的媒体上撤回广告可以讨好政府。二是识字率(只占总人口的25%)限制了读者数量。出版社的微薄收入限制了生产能力。即使有可观的广告收入,报纸的日均发行量(到1990年时为1000~10 000份)也不能保证新闻业的可持续发展。独立的新闻业需要更大的发行量,才能保证在政府采取经济报复的冲击中生存下来。

　　第三，媒体从业人员不得不忍受恶劣的工作条件，包括相对较低的工资，这倒是与国家经济和媒体行业的情况一致。正如预期的那样，记者缺乏必要的设备来报道和制作新闻。第四，国家缺乏必要的新闻训练设施，只有偶尔在战争时期才有津贴，这样只能培养出低素质的记者。第五，恶劣的工作条件使得媒体工作者容易遭受引诱和恐吓，虽然这样的恶行并非普遍存在。第六，旷日持久的政治危机已间接影响到媒体的工作氛围。随着越来越多的专业记者被迫加入政治斗争，他们的独立性受到了削弱。政治的卷入导致更大的党派偏见，这对媒体的未来发展来说并不是好的征兆。

　　尽管受到限制，利比里亚的新闻业在长期曲折的历史过程中总体发展良好。它在1980年前后的专制统治中幸存下来，继续为国内外利比里亚人、对利比里亚感兴趣的外国人提供可信的新闻报道。1983年，利比里亚大学成立了大众传播学系，这为利比里亚的新闻业提供了更好的培训条件。大众传播学系可授予四年制专业学位和一年制专业文凭。尽管资金的匮乏和旷日持久的政治危机已经严重影响了其运作，但大众传播系还是成功地培养了一小批具有传媒和新闻学位的毕业生。因此，利比里亚的新闻媒体将有能力履行其监督政府和社会的使命。

参考文献

　　Allen, C. William. "Soaring above the Cloud of Mediocrity: The Challenges of the Liberian Press in the Nineties," *Liberian Studies Journal* 15, no. 1 (1990): 74~84.

艾伦，威廉：《翱翔在平庸的白云之上：九十年代利比里亚新闻界面临的挑战》，利比里亚研究 15，第 1 期（1990 年）：第 71~84 页。

Brown, Robert H. "A Short Analysis of Bai T. Moore's Poetry and Prose Writings," *Liberian Studies Journal* 17, no. 1 (1992): 94~104.

布朗，罗伯特：《浅析拜·摩尔的诗歌和散文》，《利比里亚研究》17，第 1 期（1992 年）：第 94~104 页。

Cole, Henry B. "The Press in Liberia," *Liberian Studies Journal* 4, no. 2 (1971~1972): 147~155.

科尔，亨利：《利比里亚的新闻业》，《利比里亚研究》4，第 2 期（1971~1972 年）：第 147~155 页。

Dalby, David. "A Survey of the Indigenous Scripts of Liberia and Sierra Leone: Vai, Mende, Loma, Kpelle, and Bassa," *African Language Studies* 8 (1967): 1~51.

多尔比，大卫：《对利比里亚和塞拉利昂本土语言的调查：瓦伊语、门迪语、洛马语、克佩尔语和巴萨语》，《非洲语言研究》8（1967 年）：第 1~51 页。

Hancock, Ian F. "Some Aspects of English in Liberia," *Liberian Studies Journal* 3, no. 2 (1970~1971): 207~213.

汉考克，伊恩：《利比里亚英语的几个方面》，《利比里亚研究》3，第 2 期（1970~1971 年）：第 207~213 页。

Konneh, Augustine. "Arabic and Islamic Literacy in Twentieth-Century Liberia," *Liberian Studies Journal* 20, no. 1 (1995): 48~57.

孔内尔，奥古斯丁：《20 世纪利比里亚的阿拉伯语和伊斯兰文学》，《利比里亚研究》20，第 1 期（1995 年）：第 48~57 页。

Nyei, Mohamed B. "A Three Script Literacy among the Vai: Arabic, English, and Vai," Liberian Studies Journal 9, no. 1 (1980~1981): 13~22.

奈叶，穆罕默德：《瓦伊语中的三种文字：阿拉伯语、英语以及瓦伊文》,《利比里亚研究》9,第 1 期（1980～1981 年）：第 13～22 页。

Ofri-Scheps, Dorith. " Bai T. Moore's Poetry and Liberian Identity: Offering to the Ancestors," *Liberian Studies Journal* 15, no. 2（1990）: 26～90.

欧福礼-柴普思,多雷斯：《拜·摩尔的诗歌及利比里亚认同：献给祖先》,《利比里亚研究》15,第 2 期（1990 年）：第 26～90 页。

Rogers Sr., Momo K. " The Liberian Press Under Military Rule," *Liberian Studies Journal* 21, no. 1（1996）: 7～32.

罗杰斯 Sr.,莫莫：《军事统治时期的利比里亚新闻》,《利比里亚研究》21,第 1 期（1996 年）：第 7～32 页。

Stone, Ruth M. " Ingenious Invention: The Indigenous Kpelle Script in the Late Twentieth Century," *Liberian Studies Journal* 15, no. 2（1990）: 135～144.

斯通,露丝·M.：《精巧的发明：20 世纪晚期的克佩尔土著语》,《利比里亚研究》15,第 2 期（1990 年）：第 135～144 页。

注　释

1　穆罕默德·奈叶：《瓦伊语中的三种文字：阿拉伯语、英语以及瓦伊文》,《利比里亚研究》9,第 1 期（1980～1981 年）：第 19 页。

2　威廉·艾伦：《翱翔在平庸的云层之上：20 世纪九十年代利比里亚新闻界面临的挑战》,《利比里亚研究》15,第 1 期（1990 年）：第 75 页。

3　大卫·多尔比（David Dalby）曾在一篇文章中对这些文字进行了历史性的深度分析：《对利比里亚和塞拉利昂本土语言的调查：瓦伊语、门迪语、洛马语、克佩尔语和巴萨语》,《非洲语言研究》8（1967 年）：第 1～51 页。后来的一些学术研究对这项研究进行了有益的补充［孔内尔（Konnel）,1995 年；斯通（Stone）,1990 年；奈叶（Nyei）,1980～1981 年］。

4 详见多雷斯·欧福礼·柴普斯（Dorith Ofri-Scheps），《拜·摩尔的诗歌及利比里亚认同：献给祖先》，《利比里亚研究》15，第2期（1990年）：第31页。这可能是迄今为止对拜·摩尔作品最权威的分析。

5 多尔比，51。

第四章　艺术、建筑与住房

> 典型的戈拉族艺术家是"梦想者",他们的创作灵感来源于与守护神的特殊联系。
> ——沃伦·达泽维多(Warren L. D'Azevedo),
> 美国人类学家[1]

> 在利比里亚,不同民族背景的艺术家都十分重视地位和荣誉。
> ——托马斯·塞利格曼(Thomas K. Seligman),
> 美国斯坦福大学坎托视觉艺术中心主任[2]

艺术和建筑体现了利比里亚土著居民和美裔利比里亚人不同的发展历程。房屋类型反映了利比里亚文化、社会和经济的多样性和外来文化的影响。本章从不同时空背景展示利比里亚艺术家和匠人们的活力和高超技艺。利比里亚传统的艺术和建筑一直延续至今,但外来影响巨大,由此产生了独特的利比里亚艺术风格和手工艺传统。

利比里亚艺术和工艺

传统艺术包括各种世俗和宗教的作品。最著名的宗教作品当属尺寸多样、文化意涵丰富的面具。在久远的古代,利比里亚人就开始了雕刻、绘画、制作陶器、编织。匠人们制造的器物包括金属饰物(如手镯、戒指、徽章、项链)、象征仪式和声望的雕像、带有装饰的餐具(如刀、碗、勺、杯)和武器。戈拉族居住在利比里亚西部,丹(吉奥)族居住在利比里亚与科特迪瓦东北边境。这两个民族的雕刻技艺极负盛名。他们很早就开始制作宗教用品(如坡罗和散蒂的面具)和世俗生活用具。利比里亚西部的瓦伊族也雕刻面具,瓦伊族和门迪族都制作"索维"(sowei)面具。索维面具的显著特征是高发髻,这种形象在利比里亚部族中已经不再流行。但到20世纪80年代,这种发髻在制作面具时还在使用。

锻造是一种重要艺术形式,有重要的文化和宗教意义,特别是在有坡罗和散蒂的社区。铁匠通常是男性,运用明浇铸型、锻压、浇筑、切割和失蜡工艺制造器皿、武器(长矛和剑)、农具和宗教圣像。他们还会维修和打磨弯刀和刀具。锻造艺术通过学徒制在家庭成员中世代相传。在戈拉族中,铁匠比雕刻师的地位高,因为铁匠被人们称作"祖"(zo),这在坡罗社区中象征着财富和声望。现在人们越来越依赖进口日用器具,如勺子和刀具,这减少了铁匠在经济上的重要性。然而,传统农业有着强韧的生命力,它仍然依赖锄头和弯刀,因此农村地区依旧保留着锻造的工艺。

第四章　艺术、建筑与住房

利比里亚人喜欢用神灵的力量来解释杰出艺术家的神奇天赋，尤其是雕刻师。丹族相信上帝（Zlan，哲朗）是第一位雕塑家，他用土塑造了人类和动物。这样我们就很容易理解，为什么人们普遍将丹族和戈拉族雕刻家的天赋归因为神灵的创设或神灵的启发。在戈拉族中，人们认为雕刻师的天赋源于他和强大的异性守护神尼米（neme）之间的密切关系。特定的禁忌和风俗约束着人们之间的爱情。这些禁忌被称为"尼格巴"（negba），不得违反。得到尼米庇护的木雕师和其他艺术家们，因为要把一半的时间都沉浸在神灵的世界中，因此必须为他们的才华付出高昂的代价。与尼米的亲密关系让他们离群索居，这也是他们拥有非同寻常的才华、过着异乎常人的生活的原因。在制作坡罗和散蒂面具的过程中，戈拉族雕刻家通常会被隔离。即使送饭的妇女也不能偷看一眼他的雕刻工作。因此，雕塑家都是孤独者，要潜心于自己的艺术和思想。

利比里亚北部的洛马族也以制造木面具闻名。他们制作的长面具上有人和动物的形象。只有男人才佩戴面具，这与坡罗相关。洛马族最大的面具大约长五英尺九英寸（1.82 米），表情恐怖，有夸张的大鼻子和前额，并插着一簇羽毛。洛马族和邻近的格班迪族都认为，面具代表的是坡罗背后的森林精灵，称为丹黛（Dandai）或者兰达/兰黛（Landa/Landai）。除了大面具，洛马族雕刻家还制作许多小面具。这些面具通常面部扁平，鼻子突出，上面还装着羚羊角或牛角。

利比里亚艺术家享有很高的声望而非财富，他们不是社会上最富有的那群人。艺术家尤其是雕刻师的另外一个特点是他们工作的灵感来源依赖于做梦。前文所述，瓦伊族和戈拉族相信灵感是尼米所赐的礼物，而丹族则认为这来源于"杜"（du）神。由于艺术家们和精神世界紧密相连，人们都钦佩他们的作品，但对艺术家本人充满了恐惧和怀疑。因此，土著艺术家们面临一个两难境地，是去加强创造力赢得社会尊重，还是寻求自我愿望的满足。一般而言，雕刻作品要仰赖天赋，但仍需后天的打磨。因此，尽管艺术家们宣称他们拥有来源于超自然的力量的天赋，他们还是要接受雕刻师傅的指导。雕刻是一项任务型的消遣活动，通常都由某个社会中的男性成员来承担。但丹族妇女也能从事雕刻工作，不过这种打破性别藩篱的情况并不多见。随着时间的推移，打破性别区隔已经蔚然成风，艺术形式和风格也在发生变化，这都展现了雕刻行业的活力。外界影响如战争、伊斯兰教、基督教和西方教育和贸易，都引起了雕刻风格上的变化。艺术家们自身也在寻求创新。

然而，现代化的推动，特别是旅游艺术的需求已经影响到利比里亚艺术的品质。快速的服务需求意味着雕刻家需要改变自己的技能，以适应客户的口味，这在一定程度上会影响艺术的创造性。至少从 20 世纪 80 年代以来，艺术家们开始复制以前的艺术品，把它们做得又大又古怪。这种艺术发展趋势成为非洲艺术的巨型主义（giganticism）。这种趋势越发展，利比里亚艺术家从本土社会得到的灵感就越少。尽管许多利比里亚的艺术家不承认，但与在传统社会不同，他们事实上已经不知不觉被金钱所诱惑。以前艺术家引领着社会对艺术的理解，现在客户告诉艺术家们该生产什么。

第四章 艺术、建筑与住房

戈拉族的雕刻

在戈拉族中,木雕师是职业艺术家,与音乐家或纺织工类似。在戈拉族土著社会中,雕刻师、音乐家、杂技演员、舞蹈演员、魔术师、评书艺人、装修工、演说家、陶艺家和竹篮编织工都被公认为艺术家。木雕是男性的专属职业,木雕师被称为"云玛库合"(yun maku he,雕刻木头的人)。虽然雕刻师都有天赋,但是他们还是要经历学徒的过程,无论是否有人宣称自己的技艺来自神灵的启示或是对雕刻大师的观摩。前文所述,人们把他们的创造力归功于尼米的神力。因此,在子女的婴幼儿时期,父母和长辈就会观察孩子是否有从事艺术行业的征兆——例如特殊的饮食偏好、喜欢模仿工匠或掌握某种技术的神奇本领。如果父母经过无数尝试,都不能让孩子放弃这陌生而又不赚钱的职业时,他们将会支持孩子。因此从少年时代,有天赋的孩子就给技艺高超的雕刻师当学徒。

与丹族一样,戈拉族的木雕师大多是为坡罗和散蒂制作面具。这项工作有着重要的精神意涵。他们需要经历高强度的学徒训练,花费大量的时间和精力。然而从传统意义上来说,面具是公有财产,木雕师不能宣示是个人成就。相反,人们会认为这是超自然造物主的恩赐。因此大多木雕师无法积累大量财富,得不到与天赋相对应的经济地位。即使戈拉族雕刻家受委托完成某件工艺品,其高超的技艺也要归功于"有财富和品位对最终产品负责的委托人,而非雕刻家本人"。[3] 因此,无论是制作宗教的还是世俗的作品,戈拉族雕刻家往往都是匿名的。

  戈拉族雕刻技术拥有持久的需求市场，但为了维持生计，这群全职或半职艺术家不得不到处搬家或仰赖客户的酬金。对戈拉族雕刻技术需求主要取决于宗教活动、农事安排和客户的经济状况。他们用来雕刻的原料包括木头、金属和象牙，他们还为自己的副业——音乐家制作乐器。虽然戈拉族雕刻师以面具闻名，但他们也制作非宗教性的物品，如存储柜、塑像、玩具、餐具和装饰用的梳子。人们经常请雕刻师用雕像来装饰建筑物，特殊场合下还在墙上绘制壁画。戈拉族的雕刻与木工及家具制造的关系越来越密切。雕刻家已经从过去为精英雕刻门廊标柱，转变为制造装饰性家具、储物盒和门等。在城市人品味和需求的压力之下，雕工木匠也为城市消费者制造传统物品的复制品。他们采用现代化的工具模仿本土雕刻大师的高超技艺。但是雕刻大师们通常会抱怨，这些流行的艺术作品粗制滥造，毫无专业性可言，没有受到传统情境下"梦"的启发。[4]

丹族或吉奥族艺术

丹族的木质雕刻

  丹族或吉奥族位于利比里亚东北部，盛产杰出的雕刻师和雕塑家。戈拉族则在制作面具上造诣高超。面具是丹族或吉奥族最重要的艺术形式，各种雕塑艺术都源于此。面具之所以有如此重要的地位，理由如下：一是在雕塑形式中，绝对数量最

第四章 艺术、建筑与住房

多；其次，它们具有利比里亚人民广泛认可的精神意义；在第二章我们说过，许多利比里亚人认为面具有强大的精神力量；第三，面具是加强社会控制的政治手段；第四，它们是无处不在的社会化工具，与重大社会事件都有关联。

面具的制作方法和用途可以反映出面具制作过程中神灵的力量。强大的森林精灵"格立"（gle）赋予面具以力量。"格立"可以给任何事物赋予力量，并以这些事物作为媒介直接参与社区的生活。因此，雕刻家们掌握着面具应有的形象及其发挥的功能。长老委员会负责传达梦的指示，并授权雕刻师雕刻面具。当雕刻师接到任务后，便开始制造面具和相关配套材料（比如毛皮、棕榈叶和羽毛等），以符合"格立"的形象。每个"格立"都有独特的舞蹈形式、个性和说话方式，因此"格立"的数量和面具的数量相匹配。每个面具都以它代表的"格立"来命名，以此彰显"格立"的个性。

"格立"和面具形态各异，功能不同，但外形相似。"格立"的名字代表了它们的性格。格立通常有三种类型："迪格立"（deangle），展示温柔的或女性气质；"布佑格立"（bugle），代表好战或阳刚的性格；"格立瓦"（gle va）则兼具两者特点。雕刻师根据这些特性来制作面具。迪格立面具有一张椭圆形的脸，具有优雅和女性化的特点，而格立瓦则呈现中性特质。"维普里克格立"（weplirkirgle）是滑稽"格立"，也有与其特性相符的面具：突出的管状眼睛和扭曲的面部代表着身体上的残疾。但人们不会嘲笑这些面具，尽管人们会因为这些面具对残疾人的嘲弄而发笑。每个发笑的人都会被处以罚款。这样做的目的是安慰那些面具嘲弄的对象——身有残疾的人,让他们知道自己没有被社会所抛弃。布佑格立面具大胆地表现和描绘了丹族强烈的尚武特质。与之相配的舞蹈展示的也是男性化的、阳刚的且带攻击性的动作。

除了大面具,丹族雕刻师还制作小面具"玛格"(mago),它代表着精神力量的"杜"神。"杜"神通过使用巫术、占卜和咒语三种方式保护主人。"玛格"面具具有神力,人们把它做成微缩版,便于随身携带。"玛格"具有大面具的神力,可以起到护身的作用,同时还是地位和身份的象征。因此,人们把"玛格"看作是身份面具。像保养大面具一样,人们会定期用棕榈油和大米来擦拭"玛格"面具。在一些特殊场合,人们还会使用鸡血来祭奠它。

对丹族及其邻近民族而言,宴会勺(Feast ladles)是具有社会和宗教意义的艺术品。礼仪勺(ceremonial ladle)是一种大勺子,被称为"温克缅"(wunkirmian)或"维克米亚"(wake mia),用来称颂大方好客的妇女["温克娄"(wunkirlone)或"温凯德"(wunkade),单数形式为"温克勒"(wunkirle)]。"温克勒"以好客而闻名。访客不论有多少,不论他们来多少次,都会得到款待。因此,她是一个勤劳和富有的女性。每当节日来临时,她就会展示自己的财富和慷慨,带领一队妇女用手里的礼仪勺(wake mia)给宾客盛米饭和汤。

勺子形态各异,勺身凹陷与真勺相似,但勺柄则千差万别。勺柄上大多刻有人头像,往往与"迪格立"面具一致。勺子的主人是一个妇女,勺子头像上的发型早已过时(这说明勺子已经流传了好几辈人)。

勺柄则尽量模拟其女主人（wunkirle）的体型特征。主人的发型、纹身、划痕都会被雕刻在勺柄的头像上。有些勺柄被雕刻成人腿的形状，勺身如人体躯干，连着勺的顶端。人腿的数量据说意味着女主人殷勤接待过客人的数量。其他勺柄上刻有动物头像，如牛、绵羊和山羊。这些动物可以在当地做彩礼或在宴会上祭祀用。有些勺柄还刻有小碗，象征着宴请和或提供食品。

与面具的面部一样，勺不仅象征着荣誉和声望，还代表着神奇的力量。人们相信勺子蕴含着其主人的能量，是"杜"神的化身，能够保佑主人富有和有影响力。勺子之于女人，如同面具之于男人，同样连接着女性的神灵世界。勺和面具一样有自己的名字，体现着主人的特点。当新勺取代旧勺时，人们必须献上祭品让"杜"神重新附体。

丹族人还会在支柱和底座上雕刻大小各异的木制头像。这些木质头像可以用来存放逝者的灵魂，也可以象征刚去世的人或活着的人。人们相信这些头像充满了神奇的力量，能够为人们提供保护，也会在祭祀中得到安抚。

丹族人还会雕刻木头人（lime），但数量比面具要少。这些普通的宗教用具被赋予了美学的价值。木头人制作逼真，真实地展示人的特征，比如乳房、怀孕和发型。木头人脸呈椭圆形，眼睛眯成一条线，脖子上带着项圈，身上带着各种饰品，如膝环和踝环、饰品、手链和项链。在丹族的传统社会里，酋长和富人会授权雕刻师制作木头人，雕刻师也可自行制作。酋长和富人会为制作木头人支付牲畜或其他物品，甚至还会在木头人完工之际举办活动以示庆祝。木头人是地位的象征，人们都会珍藏木头人。如果艺术家主动雕刻木头人送给酋长,酋长也会为此支付酬金。

丹族人还会雕刻游戏板。丹族和曼族(Man)人用它来玩"玛旁"(ma kpon)或"玛"(ma)游戏。这个游戏在非洲各地都非常流行。游戏板有12对圆形的凹陷,刻在一个很大的树桩上,树桩上装饰有鸟、蛇和蜥蜴等动物。游戏板两端上各有一个杯子,用来盛游戏块。游戏块用玛藤的种子制成。空杯上往往刻有人头或公羊头。游戏板是家庭世代相传的珍贵财产。

金属艺术:丹族的黄铜铸造

在20世纪30年代利比里亚政府禁止之前,铸铜术一直是丹族重要的艺术形式。据猜测丹族是从东邻韦族(We)那里学到这门艺术,但对这种说法大家持不同看法。铸铜术和冶铁术的发展关系亲密,铸铜匠起初都是铁匠。铜匠和铁匠的技艺兼具仪式和神灵的力量,因此他们在丹族社会都备受尊重。铁匠即使在战争中被俘获也能幸存,被迫为当地社区服务。他们的技艺能够确保当地社区农业的丰收和战争的胜利。铁匠通常也是木雕师,因为他们需要为金属器具雕刻木制手柄。从铁匠—木雕师向铜匠转变相对容易。我们后面会介绍兰达迈(Ldamie)的职业生涯,可以很好地说明这一点。

铸铜术是非常专业化的领域,铜匠们会精心呵护自己的技艺。他们只在晚上工作,确保制作黄铜物件时秘诀不容易外泄。不仅如此,在铸造黄铜器具期间,铜匠们通过禁欲、清除心中的邪恶与仇恨、让妇女远离他们的车间(因为巫术通常跟妇女有关）来避免受到巫术蛊惑，以确保精神上的纯洁。

丹族的黄铜铸造者采用"藏蜡法"（*cire perdu*）或失蜡法铸造黄铜器。最初，铜匠通过海外贸易从欧洲获取原料。后来，他们间接获得了黄铜脸盆、炮桶或弹壳等黄铜原料。小的黄铜器大约8英寸（20厘米）高，常被制成大象、狗或鳄鱼等动物形象或各式各样的衣服和武器形状。黄铜雕塑与木雕人一样，通常只有酋长和富人购买或者委托制造。丹族艺术家还会制作一些具有异域风情的器物，如椅子和凉鞋。

迄今为止，黄铜首饰是铜器中最重要的产品，例如黄铜项链、膝下铜环、脚环和大量风格各异的手链。人们常在胳膊上和腿上戴许多镯子和链子。腿上的镯子和链子上还挂有小铜铃。妇女们戴着有重量感的黄铜环，让衣服闪亮，提升自身的品味。在女性的一生中，黄铜首饰的数量持续增加，她们一直佩戴直到去世。黄铜饰品的数量和重量代表着女人的财富。黄铜饰品太多会使得妇女无法工作，但这反映了生活安逸，而其他女人还需工作。黄铜饰品非常重，会给妇女带来沉重负担，在生产中造成极大不便，妇女容易受伤或感染。20世纪30年代中后期，利比里亚政府禁止人们佩戴黄铜饰品。随着铜首饰禁令的颁布，丹族的黄铜铸造业开始衰退。但是，铸铜业向着另外一个方向发展——铸造黄铜人像，虽然数量并不可观。在这个领域也出现了一小批专家，但好景不长。

丹族杰出的木雕家和铜塑家

在20世纪，随着利比里亚现代化发展，木刻和铜塑技艺在走下坡路，木雕师和铜塑家的数量逐步减少，但丹族仍然涌现出一批杰出的木刻家和铜塑家。一位名叫哲朗（Zlan，神的意思）的人具有神奇的技艺，制作出伟大的作品。哲朗被普遍认为是丹族最伟大的雕塑家。19世纪50年代，哲朗过世。但在此后的很多年，哲朗在丹族、利比里亚和塞拉利昂边境上的邻居韦族和马诺族仍享有盛誉。哲朗天生具有惊人的天赋。这种超自然的天赋在他出生时就有征兆。他的父亲也是一名雕刻师，他在哲朗刚刚度过婴儿期的时候就去世了。十三岁时，哲朗制造了他的第一个面具，表现出了惊人的天赋。哲朗后来成为一名杰出的雕刻师，能够雕刻面具、勺、手杖、饭碗、凳子、游戏板、小勺子和木头人。后来，长期病痛让他失去行动能力，直到去世。他的作品被国家元首、酋长和富人收藏。和其他利比里亚艺术家一样，哲朗从他的梦中汲取灵感。在梦里，他不断从死去的父亲那里接到指令以创造新的艺术作品，如一个新型的被称为"布罗吉拉"（blokila，有两个突出的牛角的面具）的面具和被称为杰纳斯式（Janus-type）的节日勺。他的作品为他带来高薪和荣誉，包括赠予他的妻子和无数宝物。他的其中一个妻子在自己的努力下成为一名多才多艺的雕工——这在丹族社会看来是有违常规的。[5]

哲朗乐意与人分享他的技艺。他在利比里亚东北部的贝尔维尔（Belwale）基地培养了一代又一代的学徒。有的学徒学习时间短，来观摩哲朗的工作，并在他的手下干几天；而有的学徒则要住很久，直到完全掌握雕刻技艺。还有的学徒是部族首领要求派到哲朗身边的，目的是希望他们的社区也可以拥有像哲朗一样的雕刻大师。学徒帮助砍伐雕刻所需的树干，在农场工作，帮忙哲朗做一些初级雕刻的活。他们的目的是模仿哲朗，他们的成功就是能够模仿哲朗的雕刻风格。学习结束之后，学徒还会与哲朗保持联系，并偶尔送来礼物表达感激和尊重。

永（Zon）是哲朗的得意门生之一，他本来是一个铁匠。在20世纪40年代中后期，永结识了哲朗，开始为他打造雕刻工具。后来，永成为哲朗的学徒，并很快出徒。在哲朗的指导下，永雕刻的第一个面具就是杰作。随后的几年里，他在丹族社会和临近的几个部落里倍受追捧。像哲朗一样，永也制作了许多面具、节日勺、木头人和游戏板。永以在勺和人物像上雕刻独具特色的脸而闻名。头像上的妇女多留人字形风格的发髻。

20世纪50年代初哲朗去世，1985年永过世。随着两位大师的离开，他们的技能濒临失传的边缘。年轻的雕刻师德罗（Dro）是哲朗的侄孙。他在面对市场需求和现代化发展时，采取更灵活的方式制造作品。德罗创新做法以满足游客和外国人的需求。他们欣赏带有异国风情的作品，但这些作品不能代表丹族本土或利比里亚的传统。

在金属雕刻艺术上，能够与哲朗比肩的是兰达迈（Ldamie），他的铜艺非常高超。大约在20世纪前十年，兰达迈出生在利比里亚东北部祖伦镇（Zonleh）的一个黄铜铸工家庭。像当时的其他黄铜铸工一样，兰达迈最初是一个铁匠，后来成为一个雕刻工，最后转变成为一名黄铜铸工。在20世纪20年代到50年代，兰达迈制作了大量的铜剑、枪托、剑柄、剑鞘、铜铃、珠宝、动物头像和掸子柄。兰达迈偶遇一位利比里亚政府高官并得到赏识，该官员为他提供了一个更广阔的展示其天赋的平台。不过在此之前,兰达迈已经在为酋长和富人们制作黄铜人像了。而在这之后,他获得了许多给政府官员制造黄铜雕像的机会,这为他带来了巨大的财富、名声和荣誉。

上述提到的丹族艺术家们制作木刻和黄铜工艺品,体现了创新性和创造力。他们收获了名望和积累了财富,但这样的收入不稳定,他们的家庭还需要靠种地来补贴家用。虽然他们履行合约,雕刻人物塑像,但他们在工作中也会雕刻动物和其他物件。不过,随着现代化的推进,像德罗这样的年轻艺术家不得不把他们的天赋和新型市场——旅游和城市精英联系起来。虽然这违背了老一代艺术家作品的本真性,但他们的作品仍然代表着利比里亚传统的设计和工艺,尽管它们在许多艺术形式上有所变化。

身体装饰艺术

艺术中的人物形象、特征和身体装饰都反映了利比里亚人理想中的美。丹族或吉奥族的"迪格立"面具反映了人们对美的理解:细眯的眼睛——意味着眼皮低垂、鹅蛋脸、双唇间微露的门牙、额头上纵向的刺青、高岭土装饰的双眼。古老的丹族面具在额头上有纵向的刺青,这是传统社会中女性身体装饰的形式。这种做法在现代利比里亚的丹族社会不再流行。然而,农村地区年轻女孩改良了这种装饰方式,她们使用白色的高岭土在眉毛和鼻梁间涂彩带。

在当代社会,城市居民或受过西方教育的女性开启了另一种形式的人体彩绘。现代女性的时尚品味受到西方国家影响,美国、欧洲和非洲著名影星、音乐家的时尚风格都受到追捧。为了营造美丽的效果,人们普遍使用假睫毛和指甲,把头发烫成各种风格,还会采用具有异域风情的鲍勃·马利(Bob Marley)的发辫。然而,皮肤美白在利比里亚和其他西非国家却并不流行。年轻人通常模仿非洲内外足球明星和歌星的服饰和发型。现代青年的穿着以休闲为主,蓝色的牛仔裤最受欢迎。

在利比里亚,男性和女性编织头发是一项伟大的艺术。亲属或专业发型师会帮女性辫头发。但在利比里亚农村地区,女性出门不包头不符合传统习俗。这是一个矛盾,因为围巾下面包裹着精心辫制的发式。女性根据年龄和地位编辫子。通常,地位越高的女性越能负担更奢侈和精致的辫子。辫子密而小,这通常要花费好几个小时,这取决于编辫子的复杂程度。年老的或忙碌的妇女可能没有耐心等这么久,但有审美要求且想要出嫁的年轻女性可以忍受这种煎熬。人们还会通过添加人造物来加长头发,因为非洲社会的男男女女都向往长头发。

纺 织

虽然受到外来(新的或二手的)纺织品的强大冲击,但传统纺织业在利比里亚城乡依然拥有广阔的市场。这是因为人们对本土传统文化感到自豪,尤其是服装。人们用各种织机——窄条形脚踏板织布机、垂直织机和地面织机来纺织本土布料。利比里亚不同的民族,比如瓦伊族、曼丁哥族、门迪族、基西族和戈拉族,都有自己的纺织传统和织布机。通常,这些民族生产的布通称为土布或"可颇可颇"（kpokpo），种类繁多。事实上，没有任何两块布是完全相同的，织布工每次都为展现精巧的技艺而制作独特的布料。因此，布料设计和颜色多种多样，但还是带有浓厚的文化和地域特色。

戈拉族织工（anyun juwa de，安云举瓦德）和瓦伊族、基西族、门迪族织工，能生产各种式样的土布。像雕刻和锻造一样，纺织是男性的专属职业。纺织是一个重要的职业，但与雕刻不同，它不是神赋予的能力。尽管受到进口纺织品的冲击，戈拉族纺织工生产的土布市场需求仍然稳定。异域风情的特质，让纺织品成为享有盛誉的礼品。土著精英们用它来做礼仪长袍或者是赠送给来访的外国官员。这些高质量的布料来自当地的棉布，由当地妇女用当地棉花织成。然后，男子用水平织机把纱线织成长布条，然后缝制成长袍、毛毯和地毯。这样的布料足够大，可以制作一个男子的长袍，制作时间大约需要至少三个星期。像雕刻家一样，纺织工也依赖佣金，这让他们为了工作而远离家乡。这与传统的做法大不相同，过去纺织工依附于富裕的家庭，只有特别优秀的织工才能得到其他地方的邀请。但是，随着现代经济的发展，维持这种传统的形式（自给自足的农业经济）不再可能，更何况从事纺织的人越来越少。现在，纺织大师们不会亲自外出，而是派自己的学徒外出服务。

戈拉族的纺织技艺是标准化的。学徒往往会延续师傅的风格，或者模仿旧的式样，甚至出徒之后都是如此。也有一些具有创新精神的纺织工，其设计灵感来自梦中"尼米"神的启示。纺织大师认真地在笔记本上记录了详细的设计图样，除非

第四章　艺术、建筑与住房

客户坚持，他们轻易不会重复重要的设计图样。纺织大师名声很大，甚至学徒也会将自己的设计挂在大师名下，这样做可以让自己离经叛道的作品得到认可。[6]

利比里亚与其邻国生产了种类繁多的布料，包括纬纱系列、棋盘系列和复合布料。[7]戈拉族和瓦伊族纺织的特色是"台阶"（stepi）系列（其名称是源于其看起来像台阶）。像雕刻一样，戈拉纺织工依靠梦或灵感设计出具有时尚感的复杂集合图案。人们把图案勾勒在图纸上，织工按照图纸进行纺织。

另一方面，瓦伊族以跳棋或吃水游戏（draught games）棋盘为模板，设计出棋盘图案，同时还有融合不同风格的复合设计。利比里亚人专注于生产特定类型的布料，但这些样式都越来越多地跨越了民族疆界。门迪族的布料倾向于生产经向条纹的布料，这一点与基西族相似，但基西族更追求时尚的纺织工艺。基西族倾向于采用化学染料，生产出的布匹种类繁多，远多于其他部族。基西族能够生产出亮色的花布，比如深黑、橙黄和墨绿色花布。利比里亚纺织的一种特殊工艺是能够把书法（比如箴言、酋长名字或座右铭）融入纺织，尤其是用在一些纪念场合上。

值得指出的是，不同的布料用在不同的场合。人们在日常生活中、仪式（如婚礼、坡罗毕业典礼或酋长就职）上和葬礼上都会选择不同的布料。布或轻或重，或窄或宽。轻布用来制作妇女的包巾或头巾，重布则用来制作披巾或裙子（lappa）。重布可多达14条，近6英尺（2米）长。重布还可以用来做供人们盖的毯子。在政府的一些重要活动中，人们会把传统的布铺在政要的桌子上，这种做法开始于邻国塞拉利昂。[8] 利比里亚纺织技术发展的趋势是生产宽布条，这样几匹布条就可以制成外套。此外，手工纺制的纱线已经在很大程度上被机纺的纱线所替代。

纺织工通常受富人或酋长之托，或为了某种仪式而生产特定的布料。织工可以根据主顾需要生产，也可以自行生产做自由织工。织工可以把颜色织入布料，也可以贴在布料表面。工厂生产的纱线可以作出丰富多彩的图案。除了布，利比里亚人民还会编织各种席子，用在床上或用来作屏风和纱窗。编织垫子和包的原料是西非地区常见的酒椰和棕榈。棕榈包大小各异，颜色略逊于织布，但创造力并不一定比织造布逊色。棕榈制成的无缝圆柱形米袋，是实用艺术的杰出作品。米袋的无缝象征着完美和完整。尽管叫米袋，但它可以装任何有形的物品，如衣服和其他个人财物。米袋非常耐用，可以折叠和反复使用。利比里亚米袋的生产是男人的专利。在20世纪60年代，米袋给美国维和部队志愿者留下了深刻的印象，他们把米袋当做钱包用。自此，米袋以"维和部队袋"或"和平袋"之名流传开来。[9]

建筑和房屋

利比里亚人的住房各式各样，这取决于居住的位置（城市或农村）、家中人数、社会地位和经济条件。今天在利比里亚许多农村地区，人们依然还能看到传统的建筑，比如房屋和桥梁。许多社区由悬索桥连接而成，但悬索桥在雨季（4月至11月）不能使用，因为桥会被淹没。桥梁由树干和其他森林材料做成。在农村地区,房子都有两个共同的特点:一个是圆形结构,一个是圆锥形屋顶。屋顶是由棕榈叶和一种生长在山顶的特殊的草共同做成。屋顶的制作本身是一门艺术,这种建造方法能够抵挡雨季的暴雨。屋顶倾斜的目的是,不管雨有多大都可以顺利排雨。虽然屋面材料是易燃的,但是它可以使房子内部保持凉爽。土著房屋的结构是木梁和泥墙。从20世纪中期起,草屋顶逐渐被铁屋顶替代,即使在大城市中心之外的地方都是如此。还有一些房子是方形而非圆形。传统的克佩尔族和巴萨族的房子是长方形,而吉奥族是圆形。

在利比里亚市中心,尤其是首都蒙罗维亚的房子,风格则完全不同。从1820年开始,美裔利比里亚定居者把西式建筑带到了利比里亚。定居者把美国南部的建筑移植到他们的新家园。富裕的定居者会建造两层楼房。地下室由石头建造而成,房屋主体是木质结构,并带有前后柱廊。约瑟夫·詹金斯·罗伯茨(1809~1876),是利比里亚的两任总统(1848~1856,1872~1876),同时也是一个富商。他在蒙罗维亚建造的私人住宅令人印象深刻。利比里亚总统官邸是一栋石造宅邸,以美国南方种植园主的房子为蓝本建造。其他在19世纪由美裔利比里亚人建造的房子效仿的都是美国南北战争之前南方种植园主的风格,有一个很高的圆柱形的拱门。房子内部的布置是典型美国南方黑人家庭的风格,挂着画着宠物的画,陈列着瓷质杯盘。蒙罗维亚的美裔利比里亚精英拥有更精美的家具。

20世纪20年代,非裔巴西人的建筑风格被引入到利比里亚。自从20世纪中期开始,周边英属殖民地国家常见的现代风格建筑在利比里亚已经很流行。钢筋混凝土和砂浆建造的各种单层和多层住宅和办公楼在蒙罗维亚和其他城市中心随处可见。内战之前,在蒙罗维亚具有美学价值的高大建筑包括:国会大厦、行政大楼、市政厅,约翰·肯尼迪医院、利比里亚大学芬德尔校区(Fendall campus of the University of Liberia)、爱德华·詹姆士·罗伊楼(E. J. Roye building)和正义寺(Temple of Justice)等。温斯顿·理查德(Winston Richards,1932~2002),利比里亚著名建筑师,1958 年至 1980 年之间在国家公共工程建设部担任要职,曾参与设计和建造许多利比里亚公共建筑。20 世纪 80 年代,在多伊总统的统治下,宏伟的大理石和玻璃建筑在蒙罗维亚开始出现。

礼拜场所是利比里亚令人印象最深刻的建筑。宏伟的教堂建筑和清真寺,如蒙罗维亚普罗维登斯浸信会(Providence Baptist)教堂(建于 1839 年)和邦加(Gbarnga)市中央清真寺这样的建筑,在全国各地比比皆是。这反映了人民对宗教教会的态度和对宗教建筑的投入。然而,20 世纪 80 年代的政治危机和 20 世纪 90 年代的内战使许多建筑遭到破坏。一次臭名昭著的大屠杀事件就发生在蒙罗维亚的教堂里。内战后,建筑物重建已经取得了明显的进展。

在利比里亚城市中,根据房主经济状况不同,住房分为公寓、联排房屋和私人公馆。砂浆是建筑或刷墙的主要用料,屋顶材质则是以实木(木板)为基础,覆盖金属或石棉。现代房地产行业规模相对较小,主要集中在城市里面。房地产行业为石匠、室内设计师和木匠提供了工作。主人依据自己的品味把房子涂成各种颜色。必须指出的是,即使是在蒙罗维亚这样的城市,依然存在棚户区——没有城市规划并且人口稠密的社区。在棚户区，人们生活在拥挤的公寓里，上厕所、用水都很不方便。当代的文学作品曾描述过这种衰败社区中人们的生活，如第三章中我们提到的拜·摩尔，他的诗集中就对上述生活有过描述。利比里亚旷日持久的内战毁掉了许多城乡住房和基础设施，益发加剧了这种情况。

参考文献

Boone, Sylvia A. *Radiance from the Waters*: *Ideals of Feminine Beauty in Mende Art*. New Haven, Conn.: Yale University Press, 1986.

布恩，希尔维亚·阿戴恩：《水的光辉：门迪艺术中关于女性美的思想》，纽黑文，康涅狄格州：耶鲁大学出版社，1986年。

D'Azevedo, Warren L. "Mask Makers and Myth in Western Liberia." In *Primitive Art and Society*, ed. Anthony Forge. London: Oxford University Press, 1973, pp. 126~150.

达泽维多，沃伦：摘自《原始艺术和社会》中的《利比里亚西部地区的面具制作者及其神话》，主编：安东尼·福吉，伦敦：牛津大学出版社，1973年，第126~150页。

D'Azevedo, Warren L. ed. *The Traditional Artist in African Societies*. Bloomington: Indiana University Press and International Affairs Center, 1973.

达泽维多，沃伦主编：《非洲社会的传统艺术家》，布卢明顿：印第安纳大学出版社和国际交流中心，1973年。

Dendel, Esther Warner. *African Fabric Crafts*: *Sources of African Design and Technique*. New York: Taplinger, 1974.

丹达尔，埃斯特·沃纳：《非洲的织布工艺：非洲设计和技术工艺的来源》，纽约：泰普林格，1974年。

Fischer, Eberhard. *The Arts of the Dan in West Africa*, trans. Anne Buddle. Zurich: Museum Rietberg, 1984.

菲舍尔，埃伯哈德：《西非地区丹族的艺术》，安妮·巴德尔译，苏黎世：莱特博格博物馆，1984年。

Himmelheber, Hans. "Sculptors and Sculpture of the Dan." In *Proceedings of the First International Congress of Africanists*, ed. L. Brown and M. Crowder. London: Oxford University Press, 1964, pp. 243~255.

哈姆伯格，汉斯：《丹族的雕塑以及雕塑家》，《非洲人首届国际会议论文集》，主编：布朗和克罗德，伦敦：牛津大学出版社，1964年，第243~255页。

Holsoe, Svend, and Bernard L. Herman, *Land and Life Remembered: Americo-Liberian Folk Architecture*. Athens: University of Georgia/Brockton Art Museum, 1988.

霍尔索，斯文和伯纳德·赫尔曼：《记忆中的土地和生命：美裔利比里亚的民间建筑艺术》，雅典：格鲁吉亚大学/布拉克顿艺术博物馆，1988年。

Johnson, Barbara C. *Four Dan Sculptors: Continuity and Change*. San Francisco: The Fine Arts Museum, 1987.

约翰逊，芭芭拉：《四位丹族雕塑家的介绍：延续与变化》，旧金山：艺术博物馆，1987年。

Lamb, Venice, and Alastair Lamb. *Sierra Leone Weaving*. Hertingfordbury, United Kingdom: Roxford Books, 1984.

威尼斯·兰姆和阿拉斯泰尔·兰姆：《塞拉利昂的纺织业》，英国，亨庭福特堡，罗克斯福德图书出版社，1984年。

Levy, Patricia. *Liberia*. New York: Marshall Cavendish, 1998.

列维，帕特里夏：《利比里亚》，纽约：马歇尔·卡文迪什出版社，1998年。

Phillips, Tom, ed. *Africa: The Art of a Continent*. Munich: Prestel Verlag, 1995.

菲利浦，汤姆主编：《非洲：一个大陆的艺术》，慕尼黑：普雷斯特出版社，1995年。

Sieber, Roy, and Frank Herreman, eds. *Hair in African Art and Culture.* Munich: Prestel Books, 2000.

西贝尔，罗伊、弗兰克·赫尔德曼主编：《非洲艺术和文化中的头发》。慕尼黑：雷斯特图书出版社，2000 年。

注 释

1　沃伦·德·阿泽维多，摘自《非洲的传统社会艺术》中的《戈拉族艺术的来源》，主编：沃伦·德·阿泽维多（布卢明顿：印第安纳大学出版社及国际交流中心，1973 年），第 335 页。

2　托马斯·塞利格曼，《四位丹族雕塑家的介绍：延续与变化》，主编：芭芭拉·约翰逊（旧金山：艺术博物馆，1987 年），第 14 页。

3　彼特（K. Peter Eztkorn），摘自《非洲的传统社会艺术》中的《关于非洲艺术的社会正当性研究》，主编：沃伦·德·阿泽维多（布卢明顿：印第安纳大学出版社和国际交流中心，1973 年），第 365 页。

4　阿泽维多，《戈拉族的艺术来源》，第 326 页。

5　约翰逊，第 36~37 页。

6　阿泽维多，《戈拉族的艺术来源》，第 328 页。

7　威尼斯，阿拉斯泰尔·兰姆，《塞拉利昂的纺织业》（亨庭福特堡，英国，罗克斯福德图书出版社，1984 年），第 104 页。

8　同上，第 14 章，图 116（无页数）。

9　艾泽·沃姆·丹达尔（Esther Warner Dendel），《非洲的织布工艺：非洲设计和技术工艺的来源》（纽约：泰普林格，1974 年），第 154~156 页。

第五章 饮食和传统服饰

我们利比里亚人误认为吃"普萨瓦"(pussava)或本叔(Uncle Ben)米饭就是文明,而不是看人们的特征,……这是一种自我的奴役。

——赛鲁瓦·扫马(Syrulwa Somah),利比里亚大学教授[1]

在利比里亚过去的岁月里,用布和刺果将身体包裹起来这一简单的动作,就预示着新的一天神圣和虔诚的开始。

——埃丝特·华纳·邓德尔(Esther Warner Dendel),画家[2]

饮食和服饰是一个民族性格和特点的重要体现。本章我们会详细地介绍利比里亚丰富多彩的饮食文化。利比里亚饮食的多样性既反映了本土要素与外来文化的融合,也反映了外来文化对利比里亚饮食的影响。本章还将介绍利比里亚男女松紧设计恰到好处的服饰、各种发型、设计时尚的男女帽子、男女飘逸长裙上精心准备的刺绣、各种色彩的搭配，反映出人们享受生活的偏好和对环境的充分利用。同其他非洲人一样，利比里亚人具有一种奇异的力量，能够给其存在赋予意义，并充分享受自己独特的饮食与服饰文化。

尽管利比里亚的本土元素在生活中依然是主流，但人们的饮食、发型和服饰都发生了很大的变化，外来文化的影响越来越重要。各种流行起来的事物都是外来饮食和服饰与当地环境相融合的结果。无论是饮食还是服饰，利比里亚人在保留自身传统文化精髓的同时，又具有创新精神，对外来事物反应灵敏，能很好地适应变化的环境。但这无法减少外来进口食品的冲击，无法阻止新旧（used）纺织品的涌入。年轻人和城市居民容易接受外来服饰和饮食，快餐和牛仔裤的风靡，就是全球化对利比里亚饮食和服饰广泛影响的例证。

饮　食

与其他西非国家一样，利比里亚是一种混合的饮食文化，包括传统菜系、西方菜系、国外菜系和混合菜系。利比里亚尽管没有被殖民过，但人们的饮食习惯并没有豁免于外国的影响。总体而言，利比里亚的饮食包括各民族的传统美食、美裔利比里亚人的混合饮食和从国外进口的食品。人们的阶级或身份和经济条件决定了各自的饮食习惯。身材矮胖或圆滚是营养充足（well-fed）的象征，尽管他们可能面临着肥胖病的风险。利比里亚多部族的构成和悠久的历史传统，形成了利比里亚丰富多彩的饮食文化，本章将进行详细介绍。

尽管利比里亚的饮食五花八门,但绝大部分菜肴都少不了几种关键的配料——比如棕榈油、蔬菜油、鱼、木薯和胡椒。与西方人不同,包括利比里亚在内的非洲人喜欢在做菜时放入大量辣的胡椒。利比里亚饮食的特点是,人们使用简单的食材可以做出各种各样的食物。比如,木薯既可以磨碎或剁碎做成果肉状,也可以煮熟、烘焙或者烧烤而食用。这既丰富了人们的饮食,也可以把木薯与其他更多有营养的调味品相互搭配食用。

与大多数西方人不同,利比里亚人通常在家做饭。饭店多为未婚者或工薪阶层服务,他们要么没有时间,要么不愿意在家做饭。人们所熟悉的饭店(cook shops)大多很便宜,为社会下层服务,卖一些木薯等我们前面提到的食物。最受欢迎的菜是交洛富米饭(jollof rice)、羊汤(goat soup)和切克米饭(check rice)。因此,饭店和快餐点都位于集市和停车场附近的黄金位置,这些地方人流集中,食品销量大。

利比里亚人依然保留着某些食品禁忌和传统。很多菜只能用手吃,但前提是手必须要洗干净。而且左手是不允许用来吃饭的,因为左手是用来清理厕所的,地位要比右手低。还有,食物在烹饪和供应的时候必须要包裹好,以防止病毒感染或者传染病的发生。因此,对于烹饪和供应食品的妇女,卫生标准要求非常高。家里最好的盘子用来给客人提供饭菜,这是当地招待客人的最高礼遇。当然,高要求的卫生标准只适用于外来的客人,平时家庭做饭卫生要求就没有这么高了。正如第二章所述,由于不同族群宗教或文化的差异,食品禁忌各不相同。穆斯林忌食猪肉,禁止喝含酒精的饮料。出于宗教或仪式的目的，图腾动物或者宗教仪式也禁食某些动物，对某些人群来说是禁止食用像猴子这样的动物的。

但是，进口食物在利比里亚人的饮食中变得越来越重要。当地的大米［克鲁族语和巴萨族语称为"宝尕"（bogaa）］逐步被外国进口品牌大米所取代。尤其是生活在城市中的利比里亚人已经食用从美国（例如"本叔"的米饭）和亚洲进口蒸谷米（parboiled rice）。人们之所以这么做，可能是他们认为进口的大米营养会更丰富，不过这种说法是值得怀疑的。但进口大米带来的危机是显而易见的。利比里亚的国家领导人为了巨大的私人利益而控制了进口大米的生意，这最终导致了1980年托尔伯特美裔利比里亚政府的倒台。除了大米之外，许多外来的美食已经遍及利比里亚，尤其是在城市地区。从西方各国进口的成品蔬菜油、沙丁鱼、爱尔兰土豆和冷冻鸡肉逐渐取代了传统的椰子、花生、玉米和棕榈油。与西非邻国一样，在政治高压之下，利比里亚从战前开始，一直都忽视农业种植经济，依赖国外进口。战争使大量人口流离失所，影响了农业生产，造成了食物短缺，甚至饥荒。这个国家需要从战争的破坏中完全恢复过来。

利比里亚的汤羹煲类

利比里亚的汤里面通常有蔬菜、羊角豆、四季豆、鱼和肉。牛肉汤的原料包括新鲜番茄、洋葱、盐、番茄酱、牛肉、干鳕鱼、烟熏鱼、黑胡椒和粗的红辣椒，配上大米和富富（foofoo）（一种由木薯做成的特殊食品）。炖芒果（Stewed mango）配上丁香是正餐后的水果点心，当然也单独食用。在没有芒果的地方，甜点也可以用新鲜或炖烂的桃或杏来做，再配上去皮的水果，切成大块。还可以加入一些配料，比如桃汁和丁香。

木薯叶汤是把木薯叶子、棕榈油、鸡块、鲜肉、洋葱、干鳕鱼和胡椒放在一起，熬制而成。它可以与米饭以及其他菜搭配食用。制作木薯叶汤的步骤是：将煮熟的木薯叶、切成碎片的洋葱、胡辣椒、番茄酱、干鳕鱼、鲜肉和盐放进一个锅里，直到水被蒸发掉，再放进棕榈油，充分搅拌15分钟，就大功告成。茄子煲也是利比里亚的一道美食。原料包括茄子、油、洋葱、火腿或者熏肉、白鲑鱼片和胡椒。棕榈黄油可以搭配白米饭食用，它是用油棕榈的残渣炼制而成的。棕榈坚果皮煮沸之后被打成浆，通过压榨提取出棕榈油，然后放入蟹、胡辣椒、洋葱、鸡肉、虾或者小龙虾以及盐熬制而成。花生鸡汤（Chicken peanut soup）是由鸡块、水、盐、黄油、番茄酱、黑胡椒、成块的土豆、切碎的香菜和花生油熬制而成。所有配料放在一起大火持续炖一小时。大豆肉汁汤（Bean gravy soup）也是利比里亚人喜欢的一道菜。其制作方法是：先把大豆浸泡一夜后煮熟，将其压碎到似碎非碎的程度，然后放入油锅与洋葱、番茄酱、盐、鸡块和红辣椒一起煮沸，熬成糊状，即可与米饭一起食用。

羊汤受利比里亚全国人民欢迎，甚至被当做国宴。羊汤的做法语西非人民都一样，比如尼日利亚及其以东地区。在利比里亚，主人宰一只羊，做成羊汤，再配上富富（foofoo）一起食用，那是很高的礼遇，而且味道的确也不错。吃肉时，人们通常会喝棕榈酒或姜啤。需要说明的是，尽管很多住在城里的利比里亚人已经西化，用刀叉餐具吃饭。但在家庭晚餐时，绝大部分利比里亚人还是用手吃饭，这一点西非许多国家都一样。

蛋糕、面包和点心（Pastries）

利比里亚饮食文化中，蛋糕制作多样，来源（当地的、外来的或者混合的）多元，独具特色。其中，具有代表性的是红薯饼。它是由磨碎的生红薯、糖浆或黑色的甘蔗糖浆、生姜粉、盐、发酵粉和蔬菜油做成。把这些原料混合烘烤，然后切成块，趁热吃、放凉再吃都可以。在利比里亚，制作蛋糕的原料异常丰富，包括普通面粉、发酵粉、黄油、鸡蛋、糖、桂皮、肉豆蔻衣（ground mace）、牛奶、葡萄干、柠檬皮（去种）、金色糖浆（golden syrup）、甘椒粉、砂糖、椰子粉和丁香粉。把这些原料混合在一起，烘烤一会或大约半小时，美味的蛋糕就做成了。木薯蛋糕是由木薯、鸡蛋、黄油、肉豆蔻（nutmeg）、肉桂（cinnamon）、面粉、罐装牛奶、发酵粉、丁香和糖做成的。这些原料与去皮的木薯混合在一起，然后切碎，晒干几个小时之后，再烘烤一个小时左右就能食用。

利比里亚人也喜欢吃各种式样的面包，包括菠萝坚果面包和大米面包。菠萝坚果面包是由面粉、小苏打、盐、发酵粉、鸡蛋、麦麸（wheat bran）、切碎的花生或核桃以及切碎并脱水的菠萝做成。这些原料烘烤一个小时之后，就可以做成面包了。制作大米面包的原料包括大米、植物油、肉豆蔻、切碎的香蕉、盐、用于烘烤的油和水。大米面包的保存方式如果恰当的话，可以放上一个星期，既可当面包吃，也可以当做咖啡蛋糕食用。

木薯、米饭主食、蔬菜、油和水果

在利比里亚，正餐包括几道主菜、甜点或开胃菜和汤。原料多为棕榈油、胡椒、生姜、西红柿、各种蔬菜、红薯和木薯。尽管食品种类多样，但大米依然是绝大部分利比里亚人的主食。利比里亚人几乎顿顿都要吃米饭。当然，人们需要炖菜或者肉菜来下饭。在西非的不同地方，做菜的方式各不相同。但普遍受欢迎的是富富米饭。利比里亚的富富米饭原料丰富，包括白米饭、猪肉、培根、鸡肉、牛肉片、火鸡、火腿和其他调味品。人们还喜欢把各种肉——鸡肉、虾肉、熏猪肉和培根——切成片，与蔬菜油、绿胡椒、黄色的洋葱、番茄、百里香（thyme）、剁碎的红辣椒、盐和姜粉一起煮做成菜。这道菜受到孩子们和各阶层民众的欢迎。在一些场合和仪式上，需要招待很多客人时，人们也会准备这道菜。

木薯是土著利比里亚人做饭的食材，例如克佩尔族地区，它的重要程度仅次于大米。木薯叶子可以当蔬菜吃。木薯含淀粉的根茎或块茎可以在地下存活两年而不腐烂。在大米短缺时，它们就可以用来代替大米。在雨季，通常会出现大米短缺的情况，甚至会有不同的程度的季节性饥荒。但在食用前，木薯需要磨碎或者切碎，发酵去除氢氰酸（prussic acid）。所以，木薯不能生吃，可以在加工后炸着吃或煮着吃。

在利比里亚，人们还会用各种水果和蔬菜来做菜，比如辣椒、南瓜、茄子、秋葵、豆角、西红柿、洋葱、芒果、香蕉、菠萝、玉米、鳄梨、黄瓜和木瓜。棕榈油是传统烹饪的主要原

第五章　饮食和传统服饰

料。在棕榈油短缺时，利比里亚也会从国外进口蔬菜油。棕榈油富含维生素和脂肪，但脂肪可能会对健康有潜在的不良影响。棕榈油是从生长在原始森林中的油棕榈树的果实中榨取而来。人们把收获的棕榈果实清洗、煮熟和切碎之后，挤出里面的油浆（oil-laden pulp）。把浆水进一步煮沸，漂在容器上面的就是需要提取的棕榈油。棕榈油是把果实内核敲碎，在浆水混合物中提取出来的，不同于从果核种子中提取的油。在利比里亚，花生通常是配在甜点和点心上。炸芭蕉和利比里亚的米饭主食很搭配，当然它也可以单独食用。炸芭蕉在西非其他国家也很流行。它是把芭蕉切成像手指长的薄片，在热油中炸制而成。

饮料和小吃

姜啤是利比里亚的一种主要饮料。它是由鲜姜片、鲜凤梨、酵母和糖蜜酿制而成。人们把上述原料充分混合，让它们发酵一夜，再用糖蜜进行调和。然后，兑上水、姜或一些糖进行稀释，就可以对外销售了。甘蔗汁从甘蔗中提取出之后，酒精浓度通常超过 80%。它也受到利比里亚人的欢迎，尤其是在农村地区。不含酒精的饮料，比如可口可乐随处可见，各地都有销售。招贴板上的产品广告一般会在交通要道上做宣传，这正是软饮料通常由小贩或路边小报刊亭销售的原因。

在利比里亚饮食中，小吃也独具特色。坎亚哈（Kanyah）或者坎亚（Kanya）是一种可口的小吃，由大米、糖和花生做成。剥皮花生（Decorticated peanuts）是花生在剥皮和烘烤之后，弄碎成小块，与别的原料混合加工而成。人们把花生面团做成各种形状后再去品尝。芭蕉片也属于小吃。人们把芭蕉切成片,放在油锅里反复炸,等颜色变成深棕色,洒上盐,就可以食用。非传统的小吃是由面包粉、糖和黄油混合而成,用蔬菜油炸过之后便可食用。它们通常都在城市的中心地带对外售卖,以满足客户的多元需求。

服 饰

服饰式样及其重要性

像饮食一样,利比里亚的服饰反映了其多族群的特性,并受到本土和外来文化的双重影响。宗教(见第二章)也会影响或者规定服饰式样,曼丁哥穆斯林(Muslim Mandingo)和美裔利比里亚基督徒(the Christian Americo-Liberians)服饰的差异可以说明这一点。在全盛时期,美裔利比里亚人沿袭了西方的服饰,最为流行的就是三件套(西装、领带和衬衣)。的确,他们在塔布曼总统时期(1944~1971)也带着大礼帽、穿着燕尾服参加正式场合。不像其他的继任者那样着装随意,塔布曼强化了着西方服饰的趋势。尽管当地气候潮湿,穿西式正装很遭罪,但美裔利比里亚人还是以着西方服装为荣。在他们眼里,这是文明的象征,可以把他们同利比里亚偏僻地区的民族区分开来。在20世纪80年代,利比里亚政府经过剧烈变动之前,人们在公共场合或者履行公职时,穿着本土服饰还被认为是不文明的。受过西方教育的妇女如果穿着本土服装,就会被耻笑为"穿着包裹布的人"(lappalonians)——词根包裹布（lappea）是污秽的，它通常用来形容乡下的农村妇女。

现在，与塔布曼时代相比，利比里亚人的着装越来越休闲。塔布曼的继任者——威廉·托尔伯特拉开了非正式服饰流行的序幕。在总统宣誓就职时，他身着猎装，目的是吸引乡下的民众，以此来填补因塔布曼的死亡而造成的宪法真空（vacuum）。托尔伯特总统无意中引领了服饰的潮流，短袖的猎装流行起来，而且也更适合当地潮热的天气。但在正式场合，男人依然需要穿着西装，但猎装大行其道。

与其西非邻国一样，利比里亚男人也穿着本土特色的飘逸长袍。这种长袍是本土织造业的副产品，在第四章我们提到过，他们的织造业能够制作出各种类型的布料。人们用织机把当地的棉花织成大约4~5英寸宽、50尺长的布条，然后把布条拼接成布匹，可以用来做男人的长袍和女人的包巾（appa）。布匹多为白色，也可以染成靛青色，甚至更深的颜色。曼丁哥族、瓦伊族、基西族、格班迪族和戈拉族都擅长制作这种乡村布料。坡罗学校里的应届毕业生通常也会穿这样的衣服。

飘逸的长裙配合大量的镶边，可以设计出不同的款式。在整个西非地区比较普遍的设计是，大的长裙足以宽到从一只手腕到另一只手腕，能够折叠起来挂在肩膀上。而这些刺绣聚集在胸部的区域，这里没有被折叠所覆盖，因为它是在脖子的下面以及背部的中间。长裙在设计中会展示出不同的主题；在脖子前面的三角突出部分可以代表一把剑，同时不同的动物也可以呈现在刺绣上。众多飘逸的长裙中最为出名的当属曼丁哥族族长裙。它与伊斯兰教（Islam）紧密相关，人们特别要戴上手工制作的帽子。如今它已经被非穆斯林所模仿。除了这样能够识别穆斯林之外,利比里亚的穆斯林男人在中东地区还会穿上他们共同认可的宗教服饰,即挂在脖子上的披肩和戴在头上的穿孔小帽,然后前往麦加和麦地那(Mecca and Medina)朝拜。身着这种与众不同的服饰哈吉(Alhadj,前往麦加朝拜的人)在穆斯林社区内外都享有无上尊严。穆斯林妇女也有与宗教保持一致的、具有特色的服饰。她们穿着一件外套,盖住上身,用一块布(通常用两块布)把腰部包起来。穆斯林妇女习惯性地在脖子上和头顶挂着披肩,用来遮盖头、脖子和耳朵。穆斯林男女的服饰都以白色为主。

与西非其他国家一样,利比里亚妇女都会以西方和非洲服饰盛装打扮。传统一些的妇女穿着当地的上衣(blouse)和裙子(lappa)。年轻的妇女和女孩穿长裙,头上围丝巾或大块手帕。披巾通常是那些不识字或者受过较少教育的妇女的日常穿着,她们要么是小商小贩,要么是农民,但都是已婚的妇女。在利比里亚土著社区,把披巾缠绕在身上被赋予了重要的意义。对妇女而言,这意味着神圣而又虔诚的新的一天的开始。这个仪式能够把活着的和死去的直系或旁系家族成员都团聚在一起,是生命延续的表现。[3] 但着装讲究的妇女和女孩(也被视为文化人)喜欢西方服饰。扎染布在整个西非地区都很常见,人们用它来做各种休闲服装,比如宽大的长袍(boubou),形状如同女性睡衣。虽然这些衣服由利比里亚人设计,但主要来自于西方或邻近的法属和英属殖民地,如塞内加尔、科特迪瓦、塞拉利昂、加纳和尼日尼亚。

对本土服装设计的需求催生了本土服装市场的兴起,包括裁缝和刺绣。每个制衣厂都有自己的资深技工、裁缝女工以及学徒。技术娴熟、有经验的织工也会从事缝纫和刺绣。男人的工作是制作礼服、枕头、床单、台布和百叶窗。在戈拉族中,裁缝[被称为"云雅艺恩"(yun yai ene),即裁缝东西的人]对欧洲纺织品和当地商品都非常熟悉。在蒙罗维亚或其他城市,带着学徒从事贸易的裁缝已经遍布全国。他们用进口的缝纫机缝纫本地的或进口的布料。他们除了接收客户的订单之外,也会将缝制好的衣服对外出售。通常情况下,男人和女人的衣服都会配上很多刺绣。资深技工掌握着刺绣技术,但他们还要服从于衣服批发商的安排。刺绣技工们有自己的一套学徒培养制度,并且组建了自己的团体。对裁缝而言,刺绣工的工作非常重要。一件没有刺绣的衣服是不完整的。

全球化浪潮已经深刻影响到利比里亚的穿衣风格,对年轻人的影响更大。像世界其他地方一样,利比里亚青年在模仿西方的同时,逐步形成了自己独特的穿衣风格。在城市居住的青年,特别是大专院校的学生都穿着牛仔裤和T恤,戴棒球帽。只有在正式的场合,如大学毕业、工作面试、婚礼和葬礼,利比里亚民众才会着正装。长期内战和随之而来的经济危机给利比里亚人民带来了沉重的负担。因此,年轻人和许多城市居民都会选择穿二手的服装,尤其是牛仔裤、长裤、裙子和衬衫。二手服装具有吸引力,不仅是因为成本低(相对而言)、耐穿、适应性强而且比较随意,而且在于不需要定期清洗,穿之前也不必熨烫。与非洲其他地方一样,利比里亚对二手服装的需求量大,进口二手服装的贸易非常红火。销售二手服装的露天摊位位于城市的中心商业区,不同阶层、不同收入和不同年龄的人们都会光顾这些摊位。

除衣服外，利比里亚人还会佩戴各种饰品，比如项链、戒指、手镯等。在第四章我们讲到，黄铜首饰在利比里亚一直都非常流行。到20世纪30年代末，利比里亚政府禁止了黄铜流通。但在利比里亚，无论男女，人们都根据自身的经济社会地位戴铜、金、银饰品。无论现代女性还是传统妇女，着正装时一定要佩戴饰品。人们依然会根据自己的经济条件和社会地位来选择鞋子。他们穿的鞋子既有进口的，也有本地制作的，其中就包括曼丁哥族制造的精美凉鞋。

发型

头发的样式和装饰对于服装搭配而言非常重要。所以，发型问题马虎不得，它在很大程度上能够影响到人们的第一印象。因此，传统术士或武士的发型（通常佩戴锁或护身符）与普通人很不一样。当然，我们可以根据一个人蓬乱的头发来判断他可能是精神错乱。在非洲社会，发型问题显得更加重要，这是因为发型被赋予了仪式和精神上的意涵。通常，我们都把理发看作是平常的事情。但在非洲，理发却是一项具有社会和精神意义的事情。首先，发质传达的含义包括：灰白头发表明年龄大，必须要尊重。年龄大的妇女在做头发时，会优先得到服务。然而，在某些情况下，人们将头发染成黑色，这代表青春和活力。第二，做头发能够为女人们营造一种氛围，她们可以亲密地交谈、八卦和分享新观点。第三，人们通常会选择和蔼的理发师。他们是近亲、朋友或友善的邻居，但绝不可能是坏人或受人猜忌的女巫。利比里亚人们认为，坏人拿到别人的一缕头发就可以施展魔法，把人杀死或让人神志不清。

同非洲其他地区的女性一样，利比里亚的女人往往用本地或进口的围巾包裹她们的头。女性穿着非洲样式服饰时，头部也要包裹相同的材料制成的披巾（lappa）。门迪族和利比里亚其他地区的女性都希望头发是黑色的，因为棕色代表着肮脏。因此，人们通过清洗、装饰和编织头发来获取别人的赞美，包括配偶的赞美。头发蓬乱则代表着痛苦、丧亲之痛，甚至是精神错乱。因此，人们精心护理，让头发茂密，以便能打理出各种有吸引力的发型。因此，辫头发就成了妇女交往的重要途径，是个体与社会和谐的标志。

在利比里亚，发型还是社会身份和权力的象征。地位高的女性通常发型讲究，比如酋长的妻子，她们有许多闲暇时间。在正式场合，她们通常需要做发型。但做发型就需要时间和耐心。因此，年长的女性倾向于选择要求不高且不那么迷人的发型。但年轻女性，特别是城市的年轻女性，经常光顾专业发型师，帮助她们辫出更优雅的造型。为此，她们需要坐上数个小时，还要忍受拽拉头发的疼痛，才能编出一个个的小辫子。但这样可以更好地吸引潜在的追求者。发型设计师将为她们提供多种方案，最终使她们的发型能够独树一帜。

发型多姿多彩：编成小辫、交错编织、盘绕编织、反向编织。编成小辫和盘绕编织时，人们需要借助专用的穿线，但在交错编织时，则除了头发之外，不依赖其余的任何东西。近些年来，妇女尤其是城市妇女，开始在辫子中添加了假发。假发能把辫子烘衬起来，使辫子变长。长发是美丽的象征。人们对长发的偏好，吸引着越来越多女性忍着疼痛去添加假发，这也引起其他民族妇女的模仿。

19世纪和20世纪初雕刻面具上的发型曾经是人们效仿的对象，但现在已经无人问津。比如，在瓦伊族和门迪族"奥威"（owei）面具上雕刻的高脊发型，现在已被利比里亚人所抛弃。尽管在某些地区，高脊发型被演化为成低脊发型。在20世纪80年代，门迪族的妇女还常梳这种发型。低脊发型是用发辫把头都覆盖且前后一样高，而高脊发型发辫只盖住头的前缘。过去的妇女，也会在头发中添加棕榈和其他东西使头发变长，现代女性则是使用假发。在戈拉族、瓦伊族、门迪族、巴萨族、洛马族和格班迪族中，传统的发型兼具美感和精神上的象征意义，年轻女孩加入散蒂的时候更是如此。在早些时候，女孩们无论进入还是离开散蒂学校，都要精心地梳理发型。她们需要经历一个梳发的仪式，在亲友的陪伴下，她们把头发梳成大众造型。毕业时，她们根据各个地域传统将头发打理成不同的类型。巴萨族、戈拉族、门迪族和瓦伊族女孩，会将头发盘起，露出前额，而洛马族和格班迪族女孩把头发垂下来遮挡脸部。除了入会仪式的意义之外，女孩在结婚之前，发型可以帮助她们吸引更多的爱慕者。

利比里亚男人的传统发型非常统一，与现存的面具和雕刻可以看到的一样，头发都被剪得很短。然而，从坡罗学校毕业或者死后入殓时，男人的头发也需要编织。在丹族社会，传统男性的发型特点是，前额留一撮头发，两侧头发剃光，头脊部留发较多，或者在修掉的部分留下几缕很厚的头发。占卜师发型中会剃出很多点，并拴上铃铛，来增加效果。在城市中心区域，我们可以看到男男女女们各种各样的发型，这是全球化对利比里亚人们发型影响的证明。跟服饰一样,利比里亚许多年轻人都喜欢模仿非洲和西方国家著名体育明星、音乐家和演员的发型。

参考文献

Arnoldi, Mary Jo, and Christine Kreamer Mueller. *Crowning Achievements*: *African Arts of Dressing the Head.* Los Angeles: University of California and Fowler Museum of Cultural History, 1995.

阿诺尔迪,玛丽乔、克里斯丁·科瑞玛尔·穆勒尔:《皇冠上的成就:非洲发式艺术》,洛杉矶:加利福尼亚州和福勒文化史博物馆,1995年。

Boone, Sylvia Ardyn. *Radiance from the Waters*: *Ideals of Feminine Beauty in Mende Art.* New Haven, Conn.: Yale University Press, 1986.

布恩,希尔维亚·阿戴恩:《水的光辉:门迪艺术中关于女性美的观点》,纽黑文,康涅狄格州:耶鲁大学出版社,1986年。

Bruyninx, Elze. "Coiffures of the Dan and We in Ivory Coast in 1938~1939." In *Hair in African Art and Culture*, ed. Roy Sieber and Frank Herremann. Munich: Prestel Books, 2000, pp. 79~84.

布鲁林克斯,艾泽:摘自《非洲艺术和文化中的头发》中的《象牙海岸丹族和威族的发型(1938~1939)》,罗伊·西贝尔和弗兰克·赫尔曼恩主编,慕尼黑:普雷斯特图书出版社,2000年,第79~84页。

Conteh, Al-Hassan. "Reflections on Some Concepts of Religion and Medicine in Liberian Society," *Liberian Studies Journal* 15, no. 2 (1990): 145~157.

康特,阿欧-哈桑:《利比里亚社会中宗教和医学一些观念的反思》,《利比里亚研究》15,第2期(1990年):第145~157页。

Dendel, Esther Warner. *African Fabric Crafts*: *Sources of African Design and Technique.* New York: Taplinger, 1974.

邓德尔,埃丝特·华纳:《非洲的织布工艺:非洲设计和工艺的来源》,纽约,泰普林格,1974年。

Lamb, Venice, and Alastair Lamb. *Sierra Leone Weaving.* Hertingfordbury, United Kingdom: Roxford Books, 1984.

兰姆,威尼斯和阿拉斯泰尔·兰姆:《塞拉利昂的纺织业》,英国,亨庭福特堡:罗克斯福德图书出版社,1984年。

"Liberian Cuisine," LiberianForum. Com, http://www.liberianforum.com/recipe.htm, accessed June 15, 2005.

《利比里亚的饮食》,摘自利比里亚论坛,http://www.liberianforum.com/recipe.htm,2005年6月15日。

Martin, Phillip. "African Recipes," http://www.phillipmartin.info/liberia/text_ recipes_ intro.htm, accessed June 15, 2005.

马丁,菲利普:《非洲的食谱》,摘自 http://www.phillipmartin.info/liberia/text_ recipes_ intro.htm, 2005年6月15日。

Sandler, Bea. *The African Cookbook.* New York: Carol, 1993.

桑德勒,贝亚:《非洲食谱》,纽约:卡罗尔,1993年。

Sieber, Roy, and Frank Herreman (eds.). *Hair in African Art and Culture.* Munich: Prestel Books, 2000.

西贝尔,罗伊、弗兰克·赫尔曼恩主编:《非洲艺术和文化中的头发》,慕尼黑:普雷斯特图书出版社,2000年。

Siegmann, William. "Women's Hair and Sowei Masks in Southern Sierra Leone and Western Liberia." In *Hair in African Art and Culture*, ed. Roy Sieber and Frank Herremann. Munich: Prestel Books, 2000, pp. 71~78.

希格曼,威廉:《塞拉利昂南部和利比里亚西部妇女的头发以及索维面具》,载《非洲艺术和文化中的头发》罗伊·西贝尔、弗兰克·赫尔曼恩主编,慕尼黑:普雷斯特图书出版社,2000年,第71~78页。

Somah, Syrulwa. "Promoting Agricultural Production in the New Liberia," http://www.ie-inc.com/vkarmo/Articles/Somak _ Agro.pdf, accessed June 15，2005.

扫马，赛鲁瓦：《新利比里亚提高农业产量》，http：//www.ie-inc.com/vkarmo/Articles/Somak_ Agro.pdf，2005年6月15日。

Wilson, Ellen. *West African Cookbook*. New York：Evans，1971.

威尔森，艾伦：《西非的食谱》，纽约：埃文斯，1971年。

注　释

1　赛鲁瓦·扫马：《在新利比里亚提高农业产量》，摘自http：//www.ie-inc.com/vkarmo/Articles/Somak_ Agro.pdf，2005年6月15日。

2　艾泽·沃姆·丹达尔，《非洲的织布工艺：非洲设计和技术工艺的来源》（纽约，泰普林格，1974年），第148页。

3　同上。

第六章 性别角色、婚姻和家庭

女性已经社会化……在职业期望方面比男人更保守,她们通常依靠婚姻来获得社会地位。

——贾尼丝·桑德斯(Janice M. Saunders),教育理论家[1]

在克佩尔社会中,男性被认为在体力、智力、道德方面比女性更出众。女性在法律上通常依附于男性。

——索尼亚·大卫(Soniia David),社会学家[2]

格雷博族(Glebo)采取后天的/先天的二分法对性别进行测量。研究发现,在利比里亚,妇女的地位相比男性而言更加脆弱,而且如果没有男性的支持,其地位将很难维持。

——玛丽·莫兰(Mary H. Moran),人类学家[3]

本章将探讨性别角色、婚姻和家庭等一系列问题,着重介绍利比里亚传统和现代的情形,以及基督教和西方文化所带来的改变。本书其他章节对利比里亚做过传统与现代、内地居民与沿海移民的粗略划分。但经过广泛的互动和联姻之后，在某种程度上这些区别已不再明显。但在利比里亚，强调不同族群在婚姻、家庭以及性别角色上的差异依然重要。族群传统赋予了他们各自的特征，而且这也是他们彼此区分的重要标志。这样还可以帮助我们理解，哪些特征改变了，哪些特征保留了。我们无法对利比里亚所有族群都做详细、全面的介绍，只能选几个有代表性的族群，对其显著的特征进行推介。需要事先声明的是，20世纪60年代以来，许多传统的做法已经遭到外界的侵蚀。

利比里亚的传统婚姻

非洲土著居民的婚姻制度受到性别角色和家庭生活的交互影响。对男性成员而言，婚姻是成熟的一个标准，是当地社区公民身份的象征。在婚姻的所有领域中，非洲人对家庭成员、家族以及婚姻双方的权利和义务的规定都非常明确。毫无疑问，婚姻并不只是夫妻之间的一纸合同；相反，它是连接夫妻和与其有法定关系亲属之间的纽带。父系社会的婚姻模式一般涉及个人和财产权利的转让或交换。丈夫家有权要求女方承担家庭内和婚礼相关的服务、女方的嫁妆和婚礼用品。作为交换，新郎及其家庭会以实物或现金方式支付和赠送女方聘礼。婚后这一切都归属于丈夫和他的父系家族。因此瓦伊族有谚语说：孩子属于他的父亲（kai wa tamu deng nda）。[4]

在非洲大多数社会，男性以现金或实物的方式支付彩礼（例如，出苦力和干杂活），而作为回报妻子就会免除丈夫对家庭的一些义务。结婚后，妻子就应该孕育生子，抚养后代；在农场为家人制作（准备）食物；帮助丈夫赡养父母，孝敬或顺从父母；做点买卖增加家里收入，比如到市场上去卖棕榈油、大米和蔬菜。

传统的利比里亚婚姻和家庭结构允许一夫多妻制及其变种。但在近代之前，不同部族的婚姻制度差异很大。在一些地区，如克佩尔族和格雷博族，当地允许收继婚（levirate），寡妇可以嫁给已故配偶的亲属。在格雷博族中，儿子可以继承父亲的妻子（当然除了他自己的母亲之外），侄子可以继承叔叔的妻子。他们认为，女人和孩子属于自己的家族，他们已经给女方支付了彩礼。如遇到离婚的情况，女方和她的家庭需要退还收到的彩礼。格班迪族也实行收继婚制和娶姨制（sororate）。[5] 在克佩尔族中，这些情况虽然是被允许的，但事实上收继婚制很少。在一些部族中，某些婚姻方式是被禁止的。例如，格雷博族禁止娶姨制，克兰族禁止族内联姻，贝尔族禁止娶舅舅的妻子。与此形成对比的是，戈拉族允许表亲联姻和娶姨制。除正式婚姻之外，当地社会也会认可事实婚姻。在非正式婚姻之下，男人没有合法权利拥有同居时的一切财产。

巴萨族的订婚和结婚都有固定的程序。首先是接触（contact）阶段。男子有了自己心仪的女孩之后，将会正式地告知父母。如果父母对这个女孩和她的家庭（在当地具有良好的声誉）满意，那么他们就会进行下一步。接下来是碰触肩［touch（ing）the shoulder］阶段。在正式通知女方之后，男子就要直接向女孩求婚。此时，女孩将被视为已与该男子订婚，已经贴上属于该男子的"标签"，不允许再与其他追求者联系。第三阶段被称为"科纳格博瓮韦"（khna-gbo whon-hwie），或关门（closing the door）阶段，此时男子需要向女方家庭作出承诺，愿意承担婚姻的所有责任。最后，在征得新娘父母的同意后，将要进行购买新娘（nynohn dohnon）仪式。男方将向女方提供保证金（o-bui），包括给新娘父母的金钱、食物和牲畜。当然，保证金的清单是由新娘的父母决定的。彩礼还可能包括新郎出的劳力。新郎的父母一般都会帮助儿子来完成聘礼。

由此，我们可以总结出，巴萨族传统的婚姻包括以下几方面：第一，新郎为聘礼所支付的钱物，当地称为聘礼，或新郎为女方提供7~10年的劳务；第二，夫妻必须有自立的能力；第三，结婚后，夫妻可以自行决定跟哪家父母一起居住。男方直到履行完女方家所有义务之后，才能决定宣称孩子归属自家。寡妇也可自行决定是否继续与已故丈夫的亲属生活或者去其他地方，比如回娘家。

在克佩尔族，婚姻同样要经历一系列过程和阶段。从女孩入会散蒂开始，接下来是订婚，支付彩礼缔结良缘，到最后共同生活。支付彩礼是最为重要的一环，这就意味着女方已经完全移交给男方。赠送彩礼的仪式通常在女方家举行，双方的亲朋好友都来一起见证。在仪式上，彩礼是象征性的，只是彩礼的数目。这个仪式通常都没有盛大的仪式或庆典。

克佩尔族女性通常在童年时期就会订婚，进入青春期之后才会举行移交到男方的仪式。克佩尔族男性的婚姻同样需要征得父母的同意。父母认为儿子有能力经营稻谷农场时，才会同意他们结婚。如果女孩童年没有订婚,她们可以不需要征得父母同意。

贝尔族的传统婚姻仪式与利比里亚其他部族很相似。订婚开始时,男方向女方赠予戒指。女孩会向自己父母展示戒指。人们会问女孩的意见,如果女孩同意,父母一般也会同意。接下来,男方父母会正式地向女方父母奉上一包盐。盐象征着祈祷、快乐(甜蜜)、和平、高尚和诚意,他们希望求婚成功、婚姻圆满。女方父母接受了盐,就意味着同意这桩婚事。接着,男方就该送聘礼了。聘礼通常都是实物,一头牛、一个奴隶或一堆铁。女孩搬去与丈夫同住,婚姻仪式宣告完成。贝尔族禁止男性和其舅妈发生性关系,但可以娶表姐妹。传统上,男性可与姐妹有亲密关系,但前提是先跟姐姐在一起。如果先看中妹妹,那就不允许再去接近姐姐了。

妇女是被严格禁止同时跟多名男性交往。如果有女性破坏规矩,戴有坡罗面具的舞者将在公众面前嘲讽她。因为,她的行为造成了两个男性之间的矛盾。为此,她要受到惩罚,请村里所有男性吃米饭。最终,她要在两个男人之间做出选择。一旦选定一个,就意味着与另外一个不能再有任何联系,否则就会受到更严厉的惩罚。坡罗采取的这些做法,能够提前化解矛盾,促进社会和谐,即使它的代价是牺牲了个人自由选择的权利。

一夫多妻制是利比里亚土著人婚姻制度的核心。妻子的数量是一个男人政治权力和经济地位的象征。但诡异的是,大老婆负责为丈夫挑选后面的小老婆。实际上,她是在为家里挑选帮手。在为丈夫挑选新妻子时,大老婆会从跟自己关系亲密的人中挑选。相反,丈夫看中了一个她不喜欢的女孩,大老婆可以通过离婚的方式维护自己的权利。这表明,尽管利比里亚的土著居民生活在父权社会中,但女性有一定自主权来结束或维持婚姻。即使亲朋好友会介入协调家庭纠纷,但最终确定权还在于夫妻双方,特别是妻子的态度。如果在选择小老婆方面,丈夫与大老婆大吵一架,大老婆就可以控告丈夫忽视或偏袒别人,或是人身攻击,从而实现离婚。如果妻子激怒丈夫遭到毒打,这将被视作家暴,妻子可以通过拒绝履行家庭或妻子义务达到离婚的目的。同样,如果妻子有不忠行为,丈夫也可提出申请离婚。

无论因何原因,离婚就意味着要按照按照一定规则来分割财产:犯错方将获得较少财富;财产通常会判给有现金收入的一方(通常是男性);如果女方获得孩子的监护权,那么即使她有通奸罪,也将会分得部分有形资产,如房屋和农田。但是如果双方没有正式登记结婚,情况则完全不一样,双方只能带走各自的财产。如果孩子的生父没有完全尽到自己的责任,那么财产最终将归属妻子一方。克佩尔族有多种类型的试婚:长期同居、偷情和随意留情。女性可以同时与几名男性保持性关系。同居和试婚表明,克佩尔族社会对婚前性行为比较宽容。在这种情况下出生的孩子将属于母亲,除非孩子的生父愿意承担怀孕期间的花费和孩子的抚养费。

利比里亚的传统婚姻绝非只有生育和养家的功能,还具有经济功能。妻子能够通过挣钱或在家或农场干活直接支持丈夫。婚姻还能为"大人物"(big man,指富有的、具影响力的人)增加帮手。人们把女儿嫁给大人物做小老婆或地位低的老婆。大人物允许她们同年轻的男性和客人有染,作为代价这些男子就要在大人物的农场出劳力。当地的风俗赋予了男性能够为妻子的不忠索要补偿,即使这是丈夫和妻子串通好的。

大人物们还会同邻近的社区联姻来建立同盟关系,为此获得商业和政治利益。婚姻能帮助外人融入当地社会。在第二章提到过,曼丁哥族采取这种方法进入克佩尔族和瓦伊族社会。他们同当地的女性联姻,既方便其本土化,也有利于传播他们的伊斯兰教。然而,为了在当地社会维护自身宗教和社会认同,曼丁哥族从不把自己的女儿嫁给当地人。人们还用联姻的方式来建构当地人和后来者的虚拟关系。拥有土地的家族将女儿嫁给外来人。此时,外来人的身份是被家族收养的"叔叔"。这种叔叔与侄女的关系,在洛马族与基西族非常普遍。在洛马族中,人们把给予土地的妻子称为"易科"(eke);接受土地的男子为达阿巴(daaba)。

值得指出的是,上述情形并非适用于所有男性,至少在佩尔族社会是这样,男性之间形成了不同的阶层。其中一类就是"大人物"的客户、外人或逃亡者。他们无法在当地得到亲人支持来支付聘礼或承担婚姻责任。于是,他们就变成了所谓的借妻(wife borrowers)者。只要他们无法偿还聘礼,他们就一直对妻子的主人承担义务。他们通常都会在主人家终老。如果他们能够与主人结成干亲,那么他们就会获得新的合法身份。如果借妻者能够偿还债务,那么他就能够完全拥有妻子。债务不仅包括聘礼,还包括各种杂项,比如税收、学费、服装费和医疗费。"大人物"或"租"妻者能够从这种婚姻安排中收获上述其他两种丈夫的感激和好处,尤其是在大人物跟他们的妻

第六章 性别角色、婚姻和家庭

子从小就定下娃娃亲（无论是在他们出生前还是出生后）的情况下。他们需要给新娘家送礼物或以其他形式提供各种实物。如果女方悔婚，解除娃娃亲，要么女方就要归还礼物，要么就是女方看中的男人去"大人物"家做帮工。

克佩尔族的另一种婚姻形式是结表亲，亲属中不同性别的兄弟姐妹结婚。这在利比里亚其他地方也非常流行。多数情况是，男子会娶自己的表姊妹。不过这样的婚姻往往存在许多问题，比如妻子可以不受丈夫的惩罚，因为他们的家人将会阻止丈夫欺负妻子。结表亲后，男子通常会把妻子转让给依附于他的年轻人，让他来承担借妻者的责任。因此，结表亲是建立"主人—借妻者"关系的另一种手段。

土著居民的婚姻形式多样，但大多数父母还是首选族内联姻。这样，他们的孩子，尤其是女儿就能够跟他们和家族在一起。如此以来，他们就能保证家中的劳动力。当地流传着这样的故事，跟英俊的外来男子结婚是非常危险的。英俊男子可能有妖怪或恶魔，他们会假装和女儿结婚并最后拐走女儿。尽管，当地并不存在卖新娘的情况，但女方父母仍然可以获得聘礼，让女婿来出劳力，并能从与"大人物"的联姻中获得收益。父母这种考虑在决定女儿选择什么样的对象时非常重要。年纪大的求婚者提供聘礼但不能为新娘的家庭出劳力；年轻人则相反，可以出劳力，但拿不出彩礼。"大人物"既不提供聘礼，也不会提供劳力，虽然会偶施恩惠，但远远达不到父母的期望。

彩礼通常有现金、布、可乐果（kola nuts）和山羊。青年人一般都很难拿出这些东西。但他们要努力去凑彩礼，要么向家里人求助（作为贷款），要么去"大人物"家做帮工。如果青年人能够支付彩礼，那么他就可以不必为岳父母出劳力。但彩礼不是一锤子买卖，无论首次支付多少彩礼，只要婚姻存在，男方就一直需要为女方提供现金和其他实物。因此，男方需要承担岳父母葬礼的费用。年轻人受到家族恩惠，依靠亲属支付了聘礼。他们偶尔也会被要求回报族人。所以，传统的婚姻构建了互相依赖的关系网络。年轻人可以通过亲戚的帮助支付聘金或者离开岳父母而独立生活。然而，在利比里亚的西北部区域，传统的结表亲无需支付彩礼。男子同他的表姐妹结婚，即舅舅的女儿，或者母亲家族的任何成员，都不需要支付彩礼。

现代化和婚姻

在利比里亚，传统的婚姻法允许男人娶三四个老婆，并可以同时居住在一起。但每次结婚都需支付聘礼或嫁妆，包括现金。即使婚姻中存在问题，夫妻只有在一方死亡或离婚才能解除婚姻。法定婚姻是西方文化影响下的产物，基础是一夫一妻，在配偶死亡或离婚时才可以终止婚姻关系。法定婚姻需要办理健康证明和结婚证书，还要正式的神职人员、司法官员或在利比里亚注册的船长的见证。任何违背一夫一妻的婚姻，比如传统"主—借妻"婚姻被认定为重婚，将遭到司法制裁。任何形式的"主—借妻"在法律上都被视为无效。实际上，利比里亚的婚姻法不允许同法定婚姻双方外的第三方进行联姻（无论是传统的或法定的）。然而在现实中，人们还是可以观察到违反婚姻法的现象,尤其是有权力的人,如有名的政治家和统治阶级的成员。

利比里亚社会的特权阶层,比如所谓的基督徒和签署详尽文明婚姻契约的人,都包养情妇或者二奶,甚至还有私生子。其他权力较低的人表面上是一夫一妻制,实际上是一夫多妻制。他们在城里有所谓文明的妻子,并与妻子和孩子住在一起。但他们还会有另外的妻子,通常是住在乡下的农村妇女。这种现象在利比里亚并不少见,来自非洲西海岸的基督徒和文明人大多都会这么做。

时至今日,两种婚姻制度在利比里亚同时并存。但与传统婚姻相比,法定婚姻更占主流。在法定婚姻中,寡妇可以继承丈夫的财产。但在传统婚姻中,妇女却只能被当作奴隶,作为物品被丈夫的家族所继承。因为妇女在传统婚姻中是丈夫的财产,所以她们没有权利继承丈夫的遗产。这个残酷的事实却受到利比里亚宪法的保护,跟习惯法相关的争议都由总统做裁决。因此,传统婚姻制度下的妇女不能受到正式法律的保护。相反,法律制度下的婚姻受法律保护,受害者可以上诉到最高法院维护自身权益。

利比里亚的婚姻习俗受到本土文化和伊斯兰教、基督教以及西方教育等外部力量的共同影响。在家庭结构上,基督教比伊斯兰教对利比里亚有更深刻的影响。首先,与基督教不同,伊斯兰教并不禁止一夫多妻制,更能够容忍当地民众的收继婚做法。其次,基督教和正规教育使利比里亚人更倾向于生活在核心家庭,而伊斯兰教的婚姻制度却允许繁殖更多的后代,组成更大的家庭,这更类似于非洲土著居民的做法。

性别和家庭

族长制盛行于利比里亚社会，其重要特征是重男轻女。在上一节，我们讨论过在婚姻关系中男人可以对女性分类估价。但也有例外，在门迪族中，被称作阿博乐（abole）的女性凭借其伟大的精神影响力而受到男性的敬畏和尊重，因为她们负责坡罗主办的闭幕式。这些女性的地位同男性相当，并且被赋予消除男性内心邪念的能力。尽管如此，在利比里亚大多数族长制社会里，如克佩尔族，仍然保持着基于性别差异的劳动分工。

农业生产是大家的集体劳动。男性承担像拔草这样的累活，而女性则负责播种。男性还要负责辅助性的农活，如狩猎、采摘可乐果和棕榈果以及用油棕榈树酿酒。男人还负责制作垫子、打家具和编织土布。女性则负责捕鱼、采集、织网和编篮子。男性统治地位源于对战略性职业的垄断，比如冶铁。这些职业赋予男性神秘的力量，从而能够积累钱财、实物和劳力。如同富有和有影响力的"大人物"一样，坡罗（男性）和散蒂（女性）的领导人和传统的男女医生都享有崇高的声誉。

克佩尔族农业经济的一个重要特点是，男性和女性在种植何种农作物上没有专门的分工。这体现在种植作物时，男女可以换工。除了自己的私人农场，夫妻在家庭农场工作时可以互相帮助（男性帮助他们的妻子）。克佩尔族没有任何男性专属、对女性而言是禁忌的土地或作物。除了高山和水田种稻之外，男女在甘蔗、咖啡、可可和木薯种植方面不存在性别差异。克佩尔族崇尚男性统治，但同时承认妻子对家庭的贡献。然而，像利比里亚其他族群一样，克佩尔族正遭受着现代化带来的冲击。一项克佩尔族家庭预算的研究表明，大多数丈夫仍然掌握着家庭的财政大权，妻子普遍依赖于丈夫。[6]这表明，虽然社会在不断发展，女性有独自的生存能力，但重男轻女的观念仍然难以消除。

格雷博族位于利比里亚的东南部，讲克鲁语（Kruan）。他们的性别角色和家庭生活与克佩尔族迥然不同。男性同样负责农场大部分的工作。在农忙初期，男人们会砍伐和焚烧树木，架设栅栏防止害虫侵袭水稻。但相对而言，男人们参与劳动的时间很短。在农忙的其他时间，都是妇女们在田里干活，用锄头整理田地、播种、除草、收成和加工农作物。实际上，格雷博族妇女承担了大部分农活，保证了当地农业稳定的收成。她们负责在水稻地里套种蔬菜和木薯，并把作物拿到市场上卖钱。在格雷博族，妇女理所应当成为家庭的经济支柱。她们勤劳劳作，掌控着水稻的产量和供养丈夫。男人们也认同这种性别的劳动分工，他们的职责是从父系家族分得土地，为自己的小家庭提供住所，通过做工和出售农作物挣钱。然而，在格雷博族，农民和小商贩的妻子依附于丈夫，却不期望丈夫负担家庭的开销。但是，现代所说的文明家庭的结构与前面提到的格雷博族乡下的普通家庭、土著家庭差异很大。在乡下和土著家庭中，女性供养家（女性负责家庭预算）；但文明家庭里，男性负责养家，女性负责家务。在文明家庭里，丈夫会很自豪，妻子不用工作养家，可以全心全意地抚养孩子，这也是文明家庭的标志。但妇女们也没闲着。她们制作或者销薄饼、爆米花、饼干或者从事内容更为广泛的工作。她们还会开车运输食品，比如香蕉、木薯和芭蕉。然而，她们的这些工作不算是就业，也无法代替男性养家的作用。

伊斯兰教对利比里亚社会的性别角色分工影响深远。如在瓦伊族，宗教就起到主导作用。在瓦伊族当地的丧葬上，妇女可以参与甚至主持丧葬和相关的祈祷仪式。但随着伊斯兰教的传播，女性不再承担此种任务。不过，女性仍然负责捣大米做饭。葬礼的一个环节就是要吃大米。

城市化改变了利比里亚先前描述的传统性别分工。虽然文明家庭模式大受欢迎，但城市现实的生活却迫使女性不得不出来工作，帮助丈夫养家，即使帮助可能是微乎其微的。然而，对大多数城市女性而言，尤其是家庭主妇，日常生活异常艰辛。拜·摩尔的诗（第3章提到过）就描述过，每天都要早起，把自己和孩子先照顾好之后，匆匆赶往市场做工。这些阶层的妇女要想争取（实现）经济的独立，就要付出艰苦的劳动。

在当代利比里亚，正规教育和家庭情况影响性别角色分工。虽然在许多社区女孩依然处于弱势地位，但是接受过正规教育的女性也能够在正式部门和经济生活中占有一席之地。这些年轻女性获得大学学位或高报酬的工作后，她们的地位就会增强。如果父母都是受过教育的社会精英，这样的家庭情况对女孩的成长就会非常有利。下一节我们会将详细介绍法蒂玛·马萨奎·法布勒赫（Fatima Massaquoi Fahnbulleh）（1912~1978）。她的人生经历表明：如果有一个富有进取心的父亲，

第六章 性别角色、婚姻和家庭

在利比里亚社会，女孩的成就可以达到任何高度。

然而，大多数利比里亚家庭还是存在重男轻女的现象。从小时候开始，家里就会出现男女有别的情况。女孩要承担家务，帮助母亲做饭，还要负责打水和干其他的活。当小女孩被迫承担家务，协助她们的母亲做饭时，还要负责打水和别的家务，性别歧视便从此开始。在父母工作的时候，女孩就需要照顾比自己小的弟弟妹妹。相反，男孩比女孩成熟晚，不需要承担家务，有更多的时间学习或玩耍。像其他西非国家一样，一个大家庭可以积攒力量供养男孩读书，但很少供女孩读书。这是因为他们认为，（受过教育的）女性会把她的财产（从她的家庭所获得的）带到丈夫家，这对女性家庭是一笔很大的损失。即使不考虑性别因素，男孩和女孩都有受教育的机会，但他们选择的课程也会不同。男孩会选择学习科学和数学，而女孩则很少选这些课程。此外，一些职业被视为女性专有的职业，如教学、护理等。由此可见，女孩的教育和职业选择都有局限。人们也多期望她们从事风险低、偏保守的工作。从婚姻的角度考虑，一些家长担心，与同伴相比，学历高的女性更难寻找到合适的伴侣。因为人们普遍认为，如果妻子的成就比男人大，男人会觉得地位受到威胁。

整体而言，尽管长期的内战造成了人员伤亡和大量的人口流动，但婚姻生活仍然是利比里亚民众日常生活的中心。与西方国家不同，在利比里亚，婚姻是社会地位的象征。在像蒙罗维亚这样的城市地带，婚姻是责任的标志。有一个稳定家庭的人被认为是极其负责的。这样的人被认为可以完成公众事务或带领社会前进。此外，与富有的、有影响力的、秘密社团或著名宗教团体（尤其是教堂）的家庭成员联姻，有助于有野心的人士提升他们的政治地位或其他经济特权。这种做法在1980年以前的美裔利比里亚社会非常流行。那时，许多利比里亚人通过婚姻实现了社会地位改变，进入上层阶级。

生育和守寡是婚姻的一体两面，体现了利比里亚人性别、婚姻和家庭的相互影响。作为一个基本准则，生育是婚姻的核心。人们会给孩子庆生，并有正式的洗礼。孩子不单单属于父母、家庭和部族，也属于社会。因此，在传统社会中，抚养孩子是父母和社会共同的责任。妇女孕育多为一胎，人们对多胎儿或畸形儿童感到敬畏。在克佩尔族，人们会给予双胞胎（尤其是同卵双胞胎）特别的关注和照顾。但畸形儿童通常被看作是鬼怪（jinaa），人们担心他们会对社会造成危害，通常一出生就会把他们杀死。同卵双胞胎让人们敬畏，人们对他们充满了迷信和限制，但不至于被杀死。克佩尔族认为双胞胎男孩（或其中的一个）注定能成为技术精湛的医学专家（zongga）。当地人信奉，如果只有一个孩子注定成为医师，那么这个孩子通常将会活跃有为，充分表现他的天赋。高级铁匠或坡罗高层"祖"的双胞胎中，其中一个孩子将来可能会杀死他的同胞兄弟或父亲。人们对待双胞胎非常谨慎，禁止摸他们的头，无意的摸头都不可以。同卵双胞胎禁忌吃某种野味。人们要给他们同样的礼物，避免相互嫉妒，否则以后会出现致命的后果。[7]

利比里亚民众通常会为刚出生的孩子庆祝。若夫妻不能生育，这会令他们自身、家族以及周围的朋友感到痛苦。大家会尽力查明不孕的原因（通常归因于坏人或恶魔法的巫术），并

第六章　性别角色、婚姻和家庭

运用传统和现代的方法进行补救。如果夫妻无法生育，就要面临分开或离婚的压力。妻子要负主要责任，她们的公婆会鼓励儿子另娶一个女人生育后代。因此，无子女是婚姻的头号杀手，自我标榜的基督徒亦是如此。亲友们会对他们施加压力，让他们另娶或与妻子离婚。无孩妻子的困境是，人们还希望她们能够照顾后来的或收养的孩子。拜·摩尔曾在诗中这样写道："Ba Nya M Go Koma"，利比里亚语意是"他们说我不能生育"。当无孩妇女成为寡妇后，境遇会更加糟糕。她们只能依靠冷漠的公婆，但公婆往往对她们漠不关心。这表明，像其他非洲国家一样，利比里亚妇女仍然受到文化所决定的制度歧视。只有少数的例外情况，比如法蒂玛·马萨奎，她们出身好、婚姻好或受过好的教育，这些一定程度上可以减少制度性歧视。

特例：法蒂玛·马萨奎（1912~1978年）

法蒂玛·马萨奎在利比里亚是公认的特例，即使在当今社会依然如此。父亲，莫莫卢·马萨奎（1870~1938年），在汉堡时期（1922~1929年）是利比里亚早期的总领事。母亲，马萨·巴洛·松久（Massa Balo Sonjo）夫人，来自塞拉利昂的巴里酋邦（Barri chiefdom）。外公是瓦伊族的贵族，外婆是具有威望的散迪蔓尼（sandimannie）女王。

法蒂玛在利比里亚、瑞士、德国和美国受过教育，拥有一个学士学位和两个硕士学位，精通德语、法语、英语、意大利语、瓦伊族语和门迪族语。法蒂玛深受父亲和姑姑玛·加萨（Ma Jassa）影响，造就了她深厚瓦伊族本土文化（来源于散蒂）功底和宽广的国际视野。父亲莫莫卢·马萨奎决心给自己的心肝宝贝（独女）提供最好的教育，让她成为利比里亚女性教育的先驱者。在利比里亚当地社会，像法蒂玛这样的人非常少见。

父亲在1931年利比里亚总统竞选中失败，家中政治权力塌陷，经济财富崩溃。最终，父亲在1938年逝世。那时，法蒂玛在美国度过了一段最艰难的时光。但法蒂玛还是坚持完成了学业（虽然她从未提交过博士论文）。1946年10月，在威廉·塔布曼总统的邀请下，法蒂玛回到了利比里亚。1947年3月，法蒂玛开始在利比里亚大学担任法语和科学教授，参与制定利比里亚高等教育发展规划，取得了一系列的成果。在1972年退休之前，法蒂玛先后担任过系主任、自由和艺术学院学长、非洲研究协会创始主任、利比里亚作家协会共同创办人。1958年，她还曾短暂担任过利比里亚大学的执行校长。她被利比里亚大学授予荣誉博士学位，并获得过多项利比里亚国内和国际奖项，包括非洲之星司令（利比里亚）、德国一级十字勋章和莫里哀三百年的半身像（法国）。除了课程教育之外，法蒂玛还为利比里亚大学和国家的文化和社会发展做出了重大贡献。她成功地领导学生脱下学校规定的长袍，反对放弃本土的名字而使用外国名字。为此，1948年7月26日，在她和丈夫的新婚前夜，法蒂玛让丈夫把原来的名字弗里曼（Freeman）改成法布莱（Fahnbulleh）。法蒂玛用德语授教瓦伊族语言，并在利比里亚积极推广。在1962年，她成功地组织了瓦伊族语言文字标准化研讨会，成为瓦伊族文字发展的里程碑。

第六章 性别角色、婚姻和家庭

1978年11月28日,法蒂玛·马萨奎·法布莱逝世。法蒂玛是利比里亚女性中的奇迹、多才多艺的教育家、通晓多国语言的国际主义者和文化民族主义者。确切地说,利比里亚还有其他很多优秀的女性,包括玛丽·安托瓦内特·布朗·谢尔曼(Mary Antoinette Brown Sherman),利比里亚大学的首位女校长,也是非洲的首位大学校长;安吉·布鲁克斯(Angie Brooks),利比里亚驻联合国代表。利比里亚也有杰出的女性政治领袖,如露丝·佩里(Ruth Perry)担任过临时国家元首和艾伦·约翰逊·瑟利夫(Ellen Johnson-Sirleaf)总统。

艾伦·约翰逊·瑟利夫,1938年10月29日出生于利比里亚,毕业于哈佛大学。她的职业生涯异常精彩,担任过托尔伯特政府的财政部秘书(1972~1973)、多伊政府的财政部长(1980~1985)、花旗银行和世界银行的经济学家。她早期的政治活动开始于多伊政府,她曾经因批评政府而被判刑。随后,她支持查尔斯·泰勒反抗多伊政府的政治运动,又遭到当局的流放。在1997年,约翰逊·瑟利夫返回利比里亚反对泰勒总统,作为团结党总统候选人参与1997年总统大选。但在选举中,她仅赢得了百分之十的选票。在2005年10月的总统选举中,情况明显好转,她获得175 200张选票,在足球传奇人物乔治·维阿之后,排名第二。在第二轮选举中,由于没有明显优势的竞争者出现,约翰逊·瑟利夫赢得选举,几乎获得了百分之六十的选票。2005年11月11日,全国选举委员会宣布,她正式当选利比里亚总统。虽然她的对手做了一项调查,认为她曾在选举当中存在违规行为,但后来证实整个选举过程是真实有效的。她成为了非洲历史上首位民选总统。艾伦·约翰逊·瑟利夫有四个儿子和六个孙子。2006年1月,她正式成为利比里亚总统。

参考文献

Bledsoe, Caroline H. *Women and Marriage in Kpelle Society*. Stanford, Calif.: Stanford University Press, 1980.

布莱索,卡罗琳·H.:《克佩尔族社会的妇女和婚姻》,加州斯坦福:斯坦福大学出版社,1980年。

David, Soniia. "'You Become One in Marriage': Domestic Budgeting among the Kpelle of Liberia," *Canadian Journal of African Studies* 30, no. 2 (1996): 157~182.

大卫,索尼亚:《你成为了婚姻的一员:利比里亚克佩尔族的家庭预算研究》,加拿大非洲研究杂志30,第2期(1996年):第157~182页。

Erchak, Gerald M. "Who Is the Zo? A Study of Kpelle Identical Twins," *Liberian Studies Journal* 7, no. 1 (1975~1977): 23~25.

厄其克,格雷德:《谁是专家?利比里亚的同卵双胞胎》,《利比里亚研究》7,第1期(1975~1977):第23~25页。

Jackson, Linda. "Sociocultural and Ethnohistorical Influences on Genetic Diversity in Liberia," *American Anthropologist* 88, no. 4 (December 1986): 825~842.

杰克逊,琳达:《利比里亚社会文化和种族文化对基因多样性的影响》,《美国人类学家》88,第4期(1986年12月):第825~842页。

Jones, Mohamedu F. "President Taylor, His Wife (Wives), and the Marriage Laws of Liberia," *Perspective* (Atlanta, Ga.), October 24, 2002, http//www.theperspective.com.

乔恩斯,穆罕默德:《泰勒总统、他的妻子(们)和利比里亚的婚姻法》,《视角》(亚特兰大,佐治亚州),2002年10月24日,http//:

www. theperspective. com。

Moore, Bai Tamia. "Problems of Vai Identity in Terms of My Own Experience," *Liberian Studies Journal* 15, no. 2 (1990): 10~12.

摩尔,拜·塔米尔:《亲身经历的瓦伊族身份认同问题》,《利比里亚研究》15,第2期(1990):第10~12页。

Moran, Mary H. "Woman and 'Civilization': The Intersection of Gender and Prestige in Southeastern Liberia," *Canadian Journal of African Studies* 22, no. 3, special issue: Current Research on African Women (1988): 491~501.

莫兰,玛丽:《女性和"文明":利比里亚东南部性别和声望的融合》,《加拿大的非洲研究期刊》22,第3期,《特刊:非洲女性的最新研究(1988年)》:第491~501页。

Nichols, Douglas, Emile T. Woods, Deborah S. Gates, and Joyce Sherman. "Sexual Behaviour, Contraceptive Practice, and Reproductive Health among Liberian Adolescents," *Studies in Family Planning* 18, no. 3 (May-June 1987): 169~176.

尼科尔斯,道格拉斯,埃米尔·伍兹,德博拉·盖茨和乔伊斯·谢尔曼:《利比里亚青少年的性行为、避孕措施和生殖健康》,《计划生育研究》18,第3期(1987年5月~6月):第169~176页。

Ofri-Scheps, Dorith. "Bai T. Moore's Poetry and Liberian Identity: Offering to the Ancestors," *iberian Studies Journal* 15, no. 2 (1990): 26~90.

欧福礼·柴普斯,多雷斯:《拜·摩尔的诗歌和利比里亚认同:献给祖先》,《利比里亚研究》15,第2期(1990年):第26~90页。

Saunders, Janice M. "Liberian Higher Education at Cuttington University College: Are Both Sexes Equal?" *Liberian Studies Journal* 16, no. 2 (1991): 76~90.

桑德斯,贾尼斯·M.:《利比里亚卡廷顿大学的高等教育:男女平等吗?》,《利比里亚研究》16,第2期(1991年):第76~90页。

Smyke, Raymond J. "Fatima Massaquoi Fahnbulleh (1912~1978): Pioneer Women Educator," *Liberian Studies Journal* 15, no.1 (1990): 48~73.

斯密克,雷蒙德·J.:《法蒂玛·马萨奎·法布勒赫(1912~1978):激进的女性教育家》,《利比里亚研究》15,第1期(1990年):第48~73页。

Smyke, Raymond J. "Nathaniel Varney Massaquoi (1905~1962): A Biographical Essay," *Liberian Studies Journal* 17, no.1 (1992): 46~65.

斯密克,雷蒙德·J.:《纳撒尼尔·瓦尼·马萨奎(1905~1962):一篇自传体文章》,《利比里亚研究》17,第1期(1992):第46~65页。

注　释

1　卫兰·桑德斯,《利比里亚卡廷顿大学的高等教育:男女平等吗?》,《利比里亚研究》16,第2期(1991年):第87页。

2　索尼娅·戴维,《你成为了婚姻中的一员:利比里亚克佩尔族的家庭支出研究》,《加拿大非洲研究杂志》30,第2期(1996年):第160页。

3　玛丽·莫兰,《女性和"文明":利比里亚东南部性别和声望的交融》,《加拿大非洲研究杂志》22,第3期,《特刊:非洲女性的最新研究》(1988年):第499页。

4　拜·摩尔,《亲身经历的瓦伊族身份认同问题》,《利比里亚研究》15,第2期(1990):第12页。

5　收继婚是指寡妇嫁给她的已逝丈夫的哥哥、弟弟或者同族的人;娶姨制是指一个男人与两个甚至更多的姐妹结婚。但是当第一位妻子被确认为不孕或者在她死后,娶姨制才会随之生效。

6　大卫:"婚姻中唯一的你"。

7　野味是指猎人扑杀的野生动物,而非当地的动物或者家禽。

第七章　社会习俗和生活方式

在利比里亚喝酒（在古代称为棕榈酒）时，第一杯要洒在地上，以示对祖先的尊敬。

——多雷斯·欧福礼·柴普斯（Dorith Ofri-Scheps），利比里亚学者[1]

在政府部门谋供职是对赞助人最好的保护，而加入政党则是获取庇护的渠道。

——约翰·尤德（John C. Yoder），利比里亚政治学家[2]

美裔利比里亚人、本土部族、基督教和穆斯林相互影响，不断演变，造就了利比里亚丰富多彩、令人着迷的社会生活和风俗习惯。本土文化和西方价值观在利比里亚共存和交融，但总体而言，社会生活和风俗习惯趋向于西方化或美国化。兼具西方和非洲特色的菜谱、服装、音乐、教育和舞蹈遍布私人领域和公共领域。公共教育机构以英语教学为主，但不同地区存在差异。学校课程包括神话和民俗，学生可以通过音乐会和其他文化形式提高本土文化水平。在首都蒙罗维亚这样的大城市，电影院也是传播流行文化的一种途径。

本章将着重介绍利比里亚从古到今的政治文化、社会生活和风俗习惯。长期内战、城市化和现代化的需求深刻影响着利比里亚人传统的社会化方式、休闲方式和交往方式。城市化成为族群整合的重要因素，但只有在蒙罗维亚和其他城市地区比较明显。但族群认同的差别依然非常明显，各族群都有自己的聚居地。但城市共同打拼的经历把居住在贫民窟和市中心的人们联系了起来。洋泾浜利比里亚语、体育活动、节日、婚姻、教育和休闲活动巩固了人们的人际交往。市中心一直都是失业青年创造亚文化的温床，在这里挫折和快乐并存。

阶级和地位

利比里亚尽管从1847年宣布成立共和国，但国家一直处于分裂状态。首先，美裔利比里亚人始终认为自己不同于本土居民，处处高人一等。但1980年4月12日政变改变了这一切。第二，移民之间也存在差别，主要是指来自美国南方种植园区，所谓的家内黑人（House Negros）和田野黑人（field Negros）。家内黑人和混血主人们生活在蒙罗维亚及其周边地区，田野黑人则主要生活在马里兰州和希诺地区。这就是为什么最初来自蒙罗维亚的美裔利比里亚人反对塔布曼总统，因为他不是来自蒙罗维亚或梅苏拉多省。肤色是区分不同人群的第二个特征。混血的移民（主要来自弗吉尼亚和马里兰州，通常拥有财产，接受过教育）地位显著高于黑人。黑人领袖罗伊在1871年当选总统，不过他卷入政治危机遭到谋杀。但是

第七章 社会习俗和生活方式

他的支持者真辉格党,在美裔利比里亚人统治时期占据支配地位。

第三种分歧是所谓文明人和土著人差异,主要是美裔利比里亚人和其他族群的区隔。美裔利比里亚人通常受过西方或美国模式影响,受过教育并信仰基督教。作为移民,美裔利比里亚人早已脱离了非洲奴隶的身份。他们对家乡的本土居民有着根深蒂固的偏见和蔑视。正如法国对殖民地的同化政策一样(让殖民地中有想法又有条件的人成为法国公民),美裔利比里亚人挑选教化过的土著人结盟,让他们进入到自己的体系。许多土著人被吸纳到占主导地位的美裔利比里亚家庭,并使用新的姓氏[如巴克利(Barclay)、金(King)、布里斯班(Brisbane)、扬西(Yancy)],来彰显自己的新身份。还有一些人与有权势的美裔利比里亚家庭联姻,如亨利·博伊马·法恩布勒(Henry Boima Fahnbulleh)就通过联姻谋求到了大使的职位。还有一些人把自己的本土名字英文化:如 Wotor 变成 Wotorson, Molly 变成 Morris, Yekeh 变成 Ekehson, Kollie 变成 Kollyson 和 Kpandeh 变成 Kpandeson。

在利比里亚,文明意味着要逐步吸收或表现出进步的或者西方式的生活方式,要能够掌握主流群体的技能,融入他们的价值观和生活态度。主流群体包括:美裔利比里亚人、基督徒传教士、曾旅居周边英属和法属殖民的归国移民和生活在非洲西部海岸的知识精英。

在克佩尔族,文明人别称作"科威"(kwi)。从某种意义上说,文明与本土之间的区别同时反映了白领和农民之间的差异。城里人靠稳定收入和使用现代货币生活,乡下的农民却要靠土地生活。但有些职业却都是由土著（相对文明而言）女性占据，比如自给自足的农业和零售贸易。早在20世纪中期，在利比里亚要想成为文明人，绝非只有受教育这么简单。不仅思想上要认同文明的价值体系，外在上还要讲究衣服的质量和价格、房子和家具。通过利比里亚人流行的表达习惯，就可以轻易地判断出，谁是文明人，谁是乡下人或农民。

20世纪60年代，首都蒙罗维亚的一项研究表明，阶级的划分是由文明的程度所决定的。[3] 社会文明程度被划分为三个等级，呈现金字塔式的结构。位于塔尖的是精英和有崇高声誉的人，中间是文明人，底层是土著和未教化的群体。中间阶层文明人包括教师、护士和低级官员。司机、机械工、技师和电工介于文明人和最底层民众之间。1980年代以前，在蒙罗维亚以外的区域，这一不成文（unwritten）的阶级或社会分化形式已经形成。某些正式群体组织，比如文明促进会、文明社区或文明要素旨在促进当地精英和中央政府之间的关系，却加剧了社会分化。共济会和其他秘密组织，如奥迪菲罗切协会（Society of Oddfellows,）、共济会（Freemasons）、兄弟友谊联合会（United Brothers of Friendship）和神秘十姐妹（Sisters of the Mysterious Ten）都在扮演着文化适应的角色。

例如，着装风格就可以把有文化的妇女和本土妇女区别开来。本土妇女穿当地的披巾衣服，而有文化的妇女则穿西式的服装。事实上，所谓的披巾妇女指的是穿着老套、刻板的本土女性；披巾老婆指的是非本地的、受过教育的丈夫在乡下的老婆。这种划分是基督教派造成的。他们通过会员缴纳的会费把妇女分类，会费可以反映人们的收入。显然，有文化的妇女支付的会费比本土的妇女高。但这种简单的二分法也会犯错误,其实一些本土的妇女比有文化的妇女更加富有,他们能够买得起文明人的西式服装。如果有文化的妇女失去了白领的工作,她们往往会做一些零售买卖,从而变成了本土妇女。

对于克佩尔族来说,现代(kwi-nuu)人或文明人是掌控或开展文化活动的人。语言(英语)和着装风格——手表、裤子和鞋子,都是他们的招牌,这与乡下人迥然不同。如果像文明人一样着装,但却不能完全掌握英语,那就会被因为欠缺文明礼仪而遭到嘲笑。首都蒙罗维亚被称之为文明之都(kwi-taa),跟蒙罗维亚有关联的人也会被看作是文明人。即使没有受过文明教育的人,也会认同蒙罗维亚的文明方式。当然,文明的概念比较复杂,而且不断变化。比如,森林在传统的知识体系中,被先哲们认为是具有神秘力量的词语。但进入20世纪以来,利比里亚进入了现代社会,森林这个词不再受人尊敬,反而被认为是迷信和倒退。

但是,从1980年政治变革以后,内陆的本土居民(通常是当地土著人或乡下人)开始维护自身的土著身份,虽然他们通过教育、就业、资本及国外旅行接触外国文化,跨越了通往文明的门槛。这些文明化的本土居民通过使用土著语言和参加部落活动来展示他们的土著身份。因此,利比里亚本土精英身上体现出来个性和认同的双重性。换言之,土著和文明人之间的界限开始模糊,他们之间都跨越以前的障碍开始融合。土著人会像文明人一样去教堂做礼拜,而文明人也会像本土人一样去求助占卜师。正式和非正式教育形塑了文明化进程,一手是学校的正式教育制度,另一只手是家庭生活方式等非正式教育。

语言亦是社会互动和社会层级差异的测量指标。鉴于利比里亚国内文化和语言的多样性,英语逐渐成为国内的通用语言。但正如以其他英语作为通用语言的国家,利比里亚存在多种类别的英语。利比里亚英语［Standard Liberian English (SLE)］最为标准,是官方语言和媒体语言。由于受到美式英语的影响,标准的利比里亚英语和其他西非国家——塞拉利昂、加纳和尼日尼亚——的官方/标准英语略有差异。其他类型的英语还有,墨西哥、美裔利比里亚、布鲁克斯（Brokes）、克瓦赛（Kwasai）和水边（Waterside）/水街（WaterStreet）英语。根据名字,我们就可以判断出使用者的地理分布（如在水边）或者族群身份（如墨西哥人）。美裔利比里亚人有些特殊,对他们而言,英语是他们在家里或者其他非正式场合的第一语言。这种英语可以追溯到他们的先祖,美国南北战争中的黑人。

第三种常用英语是利比里亚洋泾浜英语［Liberian Pidgin English (LPE)］,使用群体与美裔利比里亚人分布在不同的地方。洋泾浜英语由标准利比里亚英语和墨西哥英语演变而来,但它与前二者有明显不同,不过它和其他西非国家所使用的洋泾浜英语类似。洋泾浜英语没有性别指代的区分,这一点与标准利比里亚英语和墨西哥英语很不相同。洋泾浜英语还有其他一些特点:比如忽略动词时态,没有单复数的区别,没有定冠词,习惯在句子结尾加"dem"或者"oh"。就像美式黑人英语,洋泾浜英语在单词的结尾会漏掉辅音或者加上元音。克鲁族混合英语（KPE）是利比里亚第四种英语,与塞拉利昂地区的克里奥尔语一样,其发展与传播源于克鲁族的航海活动,因此变得越发有名。利比里亚的各种英语并非相互排斥,人们在实际运用中可以相互转换。在不同的语境下讲不同种类的英语,否则人们就会认为不太得体。

运动和休闲

尽管美国对利比里亚影响巨大,但足球(英式)却是利比里亚最流行的运动。省际比赛和学校运动会足球比赛促进了足球在利比里亚的发展,同时也传播了体育精神。在20世纪初,利比里亚就出现了有组织的足球运动。在1927年8月的一场著名的比赛中,利比里亚的年轻狮子队(Young Lions)打败了一支欧洲队伍,取得了史无前例的成绩。1954年,利比里亚的国家队——候选者(Probables)成立,这是利比里亚现今国家队孤星(Lone Star)的前身。1964年,国家队正式更名为孤星,意为利比里亚国旗上的独立之星——代表利比里亚在相当长的时期内是黑非洲(Black African)[4]唯一的共和国。孤星最辉煌的成绩当属1964年1月8日,在蒙罗维亚与强队加纳黑星(Black Stars)队的比赛中表现出来的。在比赛中,上半场孤星以3比1领先黑星,但孤星最终以4比5输掉了比赛。在阿克拉(Accra)举办的回访赛中,孤星又以一球之差输了比赛,不过孤星依旧被视作一支值得尊重的球队。

在经历了七年毁灭性的战争和1980年政变的政局动荡之后,近几年利比里亚足球队作为非洲的一支强队逐渐崛起。这些成就的取得在很大程度上要归功于乔治·奥蓬·维阿

（George Oppong Weah）——他曾经当选为1995年世界足球先生、1995年欧洲足球先生、1989年和1995年两任非洲足球先生。后来，他还当选非洲世纪最佳运动员。最初，维阿效力于利比里亚的国内球队和非洲的其他球队，例如，巴罗尔队（Barolle）、最强十一人队（Invincible Eleven）和托内尔队（Tonnerre）；随后，他签约欧洲顶级俱乐部。在1988年到2001年之间，他先后效力于法国的摩纳哥队、巴黎圣日耳曼队、奥林匹克马赛队、意大利AC米兰队、英国切尔西队（Chelsea）和曼城队。在他职业生涯的巅峰时期，利比里亚国旗多次在绿茵场上升起，这大大激励了身处前途未卜的困境中的利比里亚同胞们。维阿还为国家队提供了队服和资金，在他的努力下，战火中的利比里亚在2002年韩日世界杯的小组赛中，抢了足球强国尼日利亚（Nigeria）的风头。因此，维阿获得了国家慈善大使的称号，最终成为利比里亚国内乃至整个非洲大陆年轻人的偶像。

维阿和默罕穆德·卡隆（Mohammed Kallon）构成巨人杀手利比里亚国家足球队（giant-killing Liberian team）的核心（他们在正式比赛中战胜了尼日利亚超鹰队）。他们都效力于世界上最残酷的意甲联赛。两位伟大球员的辉煌成就激励了利比里亚和其他非洲国家的年轻人，这也解释了为什么利比里亚不像美国一样盛行篮球和橄榄球，而是盛行足球。在走向民族国家的进程中，足球与利比里亚一直紧密相连。维阿在足球场上的成就为他赢得了财富、名声和自信。在2005年10月的总统竞选中，维阿一度领先，但在11月的决定性投票中因只获得40%的选票而最终失败。

尽管塞缪尔·多伊（1980~1990）总统对利比里亚危机负有主要责任，但他在推广和普及各项运动尤其是足球运动方面功不可没。他本人十分喜欢踢球，甚至在当了总统之后依旧会去参加比赛。我们有理由相信，正是由于他，利比里亚的媒体才开始对运动有了前所未有的关注。在他的任期中，利比里亚出现了八家专门报道体育的报纸。1989年，利比亚国家队孤星战胜了公认的非洲强队加纳队，取得了史无前例的好成绩。尽管比赛并非锦标赛，但总统多伊给予国家队高达一百万美元的奖金。这是总统多伊对足球热爱的最好例证。

电影、电视和节庆是利比里亚人日常休闲的主要途径。虽然电影和电视包含一些本土内容，但还是深受西方文化的巨大影响。电影的观众主要是年轻人。电视节目兼有教育和传播信息的功能，同时也是家庭休闲的重要方式。宗教庆典和公众假日都会有许多庆祝活动，每年的7月26日是最重要的公众假日——独立日（Independence Day），这是为了纪念1847年利比里亚的独立。在宗教节日里，有基督教的复活节、圣诞节，当然也有伊斯兰教的庆典，尤其是开斋节（在斋月结束时），利比里亚都会举办重大的庆祝活动——包括音乐，舞蹈和宴会。

从传统到现代的社会化

在利比里亚，人们社会化的过程千差万别。例如克佩尔族，在2岁前，孩子会受到精心的呵护。而之后，孩子则要接受恐吓或嘲弄的训练。在6岁之后，孩子间或受到体罚。在7

至20岁,孩子需要参加坡罗或者散蒂的灌木学校。在过去,这个学习过程需要4年,而现在则缩短了许多。在坡罗或者散蒂的灌木学校隐修期间,孩子们要接受启蒙教育,女孩还要举行割礼仪式。

在近代之前,在利比里亚人社会化过程中,坡罗或者散蒂学校的启蒙教育至关重要,每个人都需都必须经历。社会压力——表现为公开的嘲笑,确保人们都遵循这一惯例。如果一个男人没有经历这样的仪式,不论他多大年纪,都会被称作小男孩,或者别人辱骂为蠢货。在洛马族,这样一个人仅仅被当作图片或者影子,丝毫没有存在感。同样,男性绝不愿意娶没有散蒂学校经历的妻子。没有坡罗教育经历的男性在人生的各个阶段都会遭到鄙视,被安排做没有尊严的事情,例如为同龄人提重物,在稻田里赶鸟。当然,他们不能结婚,不能拥有财产,也不能担任公职。

在这种灌木学校里,年轻男孩和女孩都会被要求接受一系列教育。这些教育包括青少年进入成年所必须掌握的技能。学校教学分为几个模块:种植、编制、纺织、捕鱼、烹饪、草药、捕猎、礼节规范、操持家务和性教育。在封闭学习期间,孩子会被反复灌输遵守纪律、服从、忍受和耐性等观念,也要培养他们合作的能力。坡罗的阿佐(azo)是学校的首席执行官或校长。在灌木学校学习的任何时候,坡罗都会宣布在坡罗地区内严禁族群之间的战争。在战时及和平时期,坡罗还会承担其他社会职能——通过使用符号和标志来传递信息或者发出警告。这种符号语言在很多地区都通用,使用者可以显示自己的身份和地位,以此获取一些特权。这种符号也被用于确认外来使者的身份和国家间的约定。例如白色可乐果在条约或盟约的签订谈判中代表和平和诚意。

在现代社会,坡罗和散蒂在社会化过程中失去了传统的地位。强制性的教育已无法持续,伊斯兰教、基督教和西方教育又进一步侵蚀了其影响力。尤其是曼丁哥人,他们拒绝接受当地克佩尔族的坡罗/散蒂文化体系。在任何情况下,敌对都是相互的。克佩尔族智者认为,穆斯林牧师、占卜师通过强有力的咒文和药物削弱了自己精神上的统治地位。正统的穆斯林拒绝接受坡罗和散蒂的制度,这是因为古兰经坚持一神论,反对多神论。而坡罗和散蒂这类本土文化信奉多神论。但是,农村地区保守的价值观难以立即被改变,因此这种习俗依旧存在。正是坡罗和散蒂的封闭性,世俗生活和正规教育的需要,三至四年的灌木学校制度必然不能维持。于是,灌木学校的封闭期缩短为两到三周。跟过去相比,这种训练更流于形式和表面化。

在大部分地区,坡罗和散蒂在教育年轻人上的垄断地位被穆斯林、基督教慈善机构以及国家政府主办的学校所打破。例如曼丁哥的穆斯林,他们在自己做生意的地方定居下后,就开办古兰经学校。这些学校教授阿拉伯语和古兰经,而且利比里亚内陆的非穆斯林认为,曼丁哥人在商业上的成功归功于他们的伊斯兰教育和宗教文化,所以这些古兰经学校能够得到支持。这让穆斯林学校甚至能与西方学校相抗衡。在相当长的时间内西式学校数量很少,以至于难以产生重大的影响。因此在20世纪后期,利比里亚的社会化过程是由本土的、基督教的和伊斯兰教的教育机构共同完成的。

正规的世俗教育、电视节目、互联网和电影是利比里亚现代社会化过程的重要载体——在城市中更是如此。说实话，这些机构只能集中在城市的中心，并且它们的使用还会因为电力供给紧张而受到影响。因此，和西非其他地区一样，互联网和电视的使用是有限的。在全球化浪潮影响之下，接受了教育的学生成为现代文化的引领者。跟南半球的一些国家一样，他们在着装、音乐欣赏、饮食和志向等方面都已经高度西化。他们更喜欢西方的家庭形式（一夫一妻制的核心家庭），并且很多人开始四处旅游。在美国生活着一大批利比里亚的流亡者，尤其是国内发生政变之后流亡出去，他们给利比里亚国内带来了直接或间接的政治、社会和经济影响。

职业、声望和地位

利比里亚和其他西非国家一样，人们普遍认为接受西式教育更容易进入公职部门和政治领域。相对较低的识字率意味着接受过西式教育的精英数量有限。由于这些精英垄断了公众启蒙和政策制定的途径，因此，他们在社会中享有特权。在利比里亚，教师有较高的社会声望，尤其是大学老师。大学老师培养了高水平人才，同时他们也很可能进入国内最高公职机关工作。他们通过报纸以及在广播和电视中发表评论影响整个舆论。拥有专业资格的人，尤其在法律和医学方面，会受到人们的羡慕和尊重。普通人通常认为，只要是在医学专业拥有学位，就可以被称作"博士"（医生），可见从事医学研究可以获得良好声誉。这意味着人们认为，一个年轻的医学从业者比其他文科和自然科学的博士对社会更有用。自然而然,家长们都希望他们的孩子能够学医并从事医学工作。人们对医学专业的认知可以延伸到治疗方面,人们生病时更愿意接受打针注射,而非口服药物。因此,哪怕是最普通的疾病,医生的处方里如果没有注射项目,病人——尤其是农村居民就会因此而抱怨。不论是哪个专业领域的毕业生,都被高等教育赋予了身份象征。人们认为,培养这些学生的目的是能够全面取代当下的特权阶层。因此,这种教育体系会使学生不自觉地更加关注自己今后的社会地位而非能力的获取。举例来说,人们希望农学的讲师穿着不恰当的服装出现在同学面前——如正式西服,个人特权的象征比动手学习能力更重要。在利比里亚,白领尤其是在官僚机构里工作的职员普遍受到人们的高度尊重。

社交生活和礼仪

在利比里亚丰富多彩的文化中保留了传统的礼仪。例如,在洛法的贝尔族地区,人们在获得了朋友的帮助以后,需要在第二天早上(五点半)去朋友家拜访以表达感谢。如果没有这样做,人们就会认为这个人忘恩负义。

贝尔族发展了传统的沟通方式。击鼓用于警示危险和可能发生潜在的灾难。吹响号角则表示部落间爆发了战争,而吹响象牙则预示贵族的到访。利比里亚人喜欢交际和聚会,比如办各种派对。他们有一种特殊的握手方式——用自己的大拇指和中指勾一下对方的中指。这种独特的勾手握手方式受到美裔利比里亚人的影响,其起源可以追溯到奴隶买卖时期,当时奴隶主经常折断奴隶的手指来表示自己对奴隶的征服。美裔利比里亚人回到家乡时，也带回了这种手势，表达对重获自由的庆祝。

利比里亚社交生活一个重要的方面是，人们对"兄弟姐妹"的界定超越了血亲关系的范畴。在宗教背景下，在基督教区和穆斯林社区（Ummah）、共济会社成员（members of Masonic lodges）都互称兄弟姐妹。尽管是非血缘关系，但成员之间相互帮助、随时登门拜访和求助。例如，穆斯林成员通常会打破斋戒的约束，尤其是他们在晚上去兄弟家拜访，更是如此。这种联系打破了阶层、种族、国籍、居住地和收入隔离。在基督教中，教父和教子也是非血缘关系，这种关系有助于教区或者社会上年轻人的成长。在孩子出生和洗礼的时候，父母就会挑选有责任心的长者作为其教父或教母。教父或教母通常都是拥有一定社会地位的人，在政治、社会或者经济上有影响力，会有利于孩子今后的发展。在某些情况下，教子会在教父或教母的身边生活几年。在一些策略性的婚姻中，这种关系会成为连接劣势家庭和权势主人家庭的纽带，又或者将农村无地家庭和城市的地主联系在一起。在以上两种情况中，这种人为的关系为人们提供了情感、政治或者经济上的保障。

这种做法可以延伸到利比里亚人倾向于关注他们邻居、朋友或者近亲的生活。在街头巧遇邻居或者朋友时，利比里亚人都会询问对方生活的状况。人们会坦陈自己的私人问题，并含蓄地向别人征求解决问题的办法，比如如何治疗一个令人烦恼的小毛病。饱受疾病折磨的人可以随意地向别人询问治病最有效的方子或某一个特定主题的相关信息。然而，利比里亚人也会因陌生人在场而沉默不言，或者当谈话会让第三人尴尬时而禁声。利比里亚人社会关系发展的一个趋势是自我诊断，无论是否有朋友或亲戚的帮助。人们乐于分享自己使用过的某种草药、药品或者看过的医生。普通人看病首先会选择本土医生，然后才会考虑去咨询西医或者寻求正规的治疗方法。

20世纪80年代和90年代的内战改变了利比里亚长期以来形成的社会关系模式。相比过去的人，现在的年轻人更加自信坚定。战争给那些想要逃离枯燥乏味农业生产的人们提供了一个机会。年轻人开始质疑祖宗的处世哲学，他们的行为似乎都是被私利所驱动。年轻人在各种部队里面战斗，垄断了使用暴力的特权，他们战时的行为已经构成了对过去长久存在价值观的亵渎。他们不再尊重年长者，不再对神殿怀有敬畏，侮辱戴面具的人。20%的好战者年龄在17岁以下。他们加入军队的原因有以下几种：反抗多伊政府对其族群和家庭的迫害，保护自己和家人，被强迫或应征入伍，被金钱或者物质条件所引诱，为了逃离贫困的农村。除了战争带来的改变，经济因素同样造成了代际之间的关系紧张。洛法州出产甘蔗，甘蔗可以用来酿造一种价格便宜的杜松子酒。年轻人依靠买卖甘蔗获得经济独立，导致他们对前辈更加不尊重。

1997年，利比里亚战争结束，但国家已经不同往昔。许多年轻的士兵面临从士兵回归到普通人的挑战。在战争时期，这些年轻人因各种原因，比如佩戴武器所带来的嚣张、报复心理、酒精、药物、恐惧和同龄人的压力，还有战争的特·殊环境，而施予了暴行。战后，他们因此心存愧疚。他们中间很多人在战后回到了学校，也有一些人选择经商或者从事农业活动。尽管评论者可能已宽恕他们,但许多年轻人还是通过宗教——信仰上帝——来获得解脱。在战时的狠角色,比如普林斯·约翰逊和光屁股将军(取这样一个名字,是因为他率领一支队伍在战斗中裸体对抗子弹)也需要在基督信仰中寻求救赎,甚至成为神职人员。这种经历的影响力和深度只有通过时间来检验,但是宗教在治愈民众创伤方面确实有一定的作用。

游戏和民间故事

利比里亚本土的游戏旨在帮助孩子更好地完成社会化。除了共同的游戏之外,还有分别针对男孩和女孩的不同游戏。社会化可以帮助孩子更好地进入下一阶段的生活:进入坡罗或者散蒂以及踏入婚姻生活。孩子们的游戏是沟通个人领域和公共领域的桥梁,游戏可以帮助孩子融入大的社区之中。游戏还有助于孩子们学习如何面对家庭之外的挑战,学习如何处理同龄人带来的压力和如何在有序的社会中生存。民间故事、歌谣和游戏为社区中的孩子们和年轻人提供了特定的视角。

类似于游戏的共同活动强化了孩子和年轻人的社区价值观,确保了他们遵从社区和部族的道德规范。同时,孩子可以在游戏之中塑造个性和建立信心,让他们能够应对不断变化的环境。游戏还能帮助孩子表达自己的观点,学会算数,学会欣赏本土音乐,接受传统文化,理解传统价值观和习俗。

在利比里亚本土社区中,游戏的用途是娱乐和社会化。在戈拉族盛行的"豹子岩石"(Leopard's Rocks)游戏旨在帮助孩子学会算数。该游戏源自一个民间传说。一只豹子设计了一个计数测试,没有通过测试的人会掉入陷阱并被吃掉。所有动物都失败了,只有一只皇家羚羊抒情而又有条理地数数,最终通过了测试。戈拉族中男孩女孩都能玩的一个游戏是"害虫"和"稻米地"。大部分的参与者扮演从稻田偷食的鸟儿,如果"鸟儿"在偷袭的过程中被击中了就会变成稻米。瓦伊族一个的游戏名叫"妈妈,给我一个橡皮艇",游戏参与者都是男孩子。在游戏里,男孩子们手拉手站成一个圆圈,一个男孩子要努力冲破这个圆圈。这个游戏的目的是为了考验参与者的身体力量。

民间故事是利比里亚人社会化的另一种方式。故事能让孩子明事理,警示他们某些行为的严重后果。最为流行的是狐狸和公鸡的故事。狐狸一直害怕公鸡,因为公鸡头顶鸡冠,狐狸只要见到公鸡就逃跑。狐狸认为,公鸡头上顶着火把。但公鸡向狐狸保证,鸡冠没有危险,并且鼓励狐狸去碰鸡冠。然而,当狐狸知道它所害怕的东西没有危害,更不是火焰后,它便召集同类去捕食公鸡。这个故事一直流传至今。在某种程度上,民间故事把动物王国里的捕食者和猎物之间的关系合理化,但它也告诉人们,不要泄露敏感信息或者秘密,这种粗心大意的行为可能会带来致命的后果。另一个故事具有教育意义。一个国王为了获得绝对的统治权,下令所有人杀死自己的父母。但有个人没有执行这个命令,把自己的父母藏了起来。后来,这个暴君下达了一个根本不可能完成的命令:让子民用稻谷为他做成一张毯子,并且需要把他的农场从遥远的郊外转移到镇上。当其他人都不知所措的时候,那个把父母藏起来的人向他的父母求救。根据老人的建议，年轻人要求国王提供毯子的样品，以及把通往农场路上的河流全部抽干，以便大家可以把他的农场转移到镇上。国王当然无法满足这两个要求，因此民众便逃过一劫。这个故事教育大家要有尊老的美德，老人是社区繁荣不可取代的宝贵财富。

死亡和葬礼

在利比里亚所有的部族中，死亡和葬礼都是人们生命周期中非常重要的组成部分。按照贝尔族风俗，国王、平民和铁匠会被埋葬在社区不同的地方。国王埋葬在镇里，而他的随从则被埋葬在社区之外。铁匠埋葬在他们的作坊或者铸造厂旁边。根据仪式的规定，坡罗首领"大座"（dazo）埋葬的仪式只有高级官员才知道。同样，散蒂头领"玛座"（mazo）的葬礼则是由社区领袖决定的。按照贝尔族和格雷博族的风俗，在死者下葬前，人们会采取相应的措施确定其死因。如果传统的检测结果显示死者是被某种巫术或者邪恶的行为致死，人们会举行一场特定的仪式来消除这股邪恶的力量，避免给社区带来更多消极的影响。如果检测没有发现任何问题，那么死者的尸体就会按正常的方式埋葬。

伊斯兰教和基督教给利比里亚丧葬习俗带来多方面影响。在死者下葬的前夜，基督教徒会在教堂仪式之后再安排守夜活动。尸体被安放在棺材里，祈祷者守候在墓坑边，等待死者被埋葬。根据死者的年纪、死亡的方式以及家庭情况，牧师会对死者进行相应的祷告。祷告包含了对基督教徒死后的希望，给逝者家属带去安慰。颂文也很常见，尤其是如果死者在生前取得了一些成就。葬礼伴随着音乐，仪式结束后，人们还会举行娱乐活动。穆斯林的葬礼也包括守夜，人们会把古兰经诵读一整夜。下葬时，尸体被简单地包裹在白色织物里。阿訇在墓坑旁主持下葬仪式，伴随着古兰经的反复诵读，尸体被埋葬。接着，人们便集体享用祭食，以此来祭奠死者。

当克佩尔部族有成员去世时，人们会安排特殊的活动，例如在第40天举行纪念宴会。这种活动开销巨大，包括奢华的仪式——邀请歌手或者舞者表演。盛宴上人们希望能有一头牛作为祭奠品，这对于当地的穷人来说，是一笔难以负担的开销。第四十天宴请的巨大花费，也只有为数不多的家庭可以负担。克佩尔族的穆斯林则在逝者死后四十天举行公开聚会，大家反复诵读古兰经。在聚会的最后，人们会一起吃宴席，但宴席上不会出现其他宗教群体葬礼上的欢乐情形。

在利比里亚土著部族中，瓦伊族受伊斯兰影响最大。瓦伊族葬礼的变化就是一个很好的例证。瓦伊族传统的习俗是，尸体在停放几周之后下葬，埋葬之后还要挖出来，再次下葬。但是到了20世纪七十年代，瓦伊族逐渐采用了标准的伊斯兰葬礼习俗——死者会被立即安葬。在安葬前，检测死者是否为巫师的习俗也不存在了。此外，葬礼宴请的时间也与伊斯兰历法一致：在逝者死后的第3天、第7天和第40天。葬礼上的食物由过去的大米和红棕榈油——人们曾认为这是祖先最喜欢的食物——变成了含糖的大米面。现在，宴席仅仅是具有象征意义——承认死者曾为部族中的一员。过去第四十天的宴席需要请歌手和舞者表演一整夜，现在变成在较为黯淡的氛围中诵读古兰经。

禁忌和图腾

如同非洲其他社会，利比里亚土著人把禁忌和图腾看成是其社会文化信仰体系的重要组成部分。比如贝尔族从来不会吃短小的香蕉，因为这是他们的生育图腾。豹子是贝尔族的图腾动物。他们认为，如果接触到了豹子的皮毛，人就会发疯。贝尔族的双胞胎禁止食用黑鹿。贝尔族人会把一些特定的现象看成是死亡的先兆，例如看见一条变色龙，听见"刚本岩达"（gunbenyanda）鸟儿的鸣叫，或者在白天听见一种"可普罗"（kpoolo）动物的叫声。他们还会通过一种名叫"考蜡可颇可颇"（kolakpokpo）的鸟的行为来判断鸟是带来了好运还是霉运。如果鸟儿在马路上行走，路人从它的身边走过，那就预示着邪恶的到来；但如果鸟儿跑到路人的前方，那么就预示着它会给路人带来好运。如果萤火虫（kamukahn）飞进家里并且被家里的人发现，那么就表示该家庭会迎来一位受欢迎的客人或者第二天家里会有新鲜的肉菜。

利比里亚的社交生活中存在某些禁忌。比如较常见的是，人们不会用左手和别人打招呼或者传递东西。这是由于利比里亚人在上厕所时会用左手擦屁股，所以在和与自己同等地位或者比自己地位高的人握手时，讲究的人是不会使用左手的，因为这表示对他人的蔑视和不尊重。当众流鼻涕和不掩嘴地咳嗽也被认为是不礼貌的行为。同样，公众无法忍受食物在出售时没有任何遮盖，因为苍蝇可能会接触食物而传播疾病。因此，食物一定要包装或者在食用前一定要煮熟。在利比里亚，石灰也是准备食物的材料，因为它可以消除病菌对人体的影响。

政治文化

利比里亚的政治文化是历史的产物，反映了利比里亚高语境（high-context）社会的特征。社会更加强调集体和领袖，而非个体的存在。鉴于领袖在整个社会体系中的核心地位，对于领袖的负面评判是得不到人们认可的，因为这可能会破坏整个社会体系。任何意图推翻领袖的行为都被认为可能会对领袖体系带来致命挑战。相应的，为了整体的利益，反对意见会被当作异议遭到打压。个体应为集体利益做出牺牲。

利比里亚政治文化有一种庇护体系，整个系统里尊卑有序，领导者需要给下级好处来获得支持和忠诚。政治大咖和高官们会把自己打造成富有、慷慨和亲民的领导形象，帮助投他们门路的人安排工作，帮着把他们的孩子送入理想的学校，帮助他们在政府机构中得到晋升，甚至帮助他们解决个人经济问题。作为政治形象的重要内容，政治大咖们通常会作为嘉宾出席婚礼、葬礼和筹款仪式，显示自身的慷慨大方。这些活动安排能够吸引媒体的报道，增加他们的政治资本，这对于那些身居高位的官员或富人来说尤为重要。

由于庇护的政治现实，利比里亚的政治文化并不鼓励公共事务的问责制。慷慨以财政的廉洁为代价。在利比里亚，裙带关系盛行。由于客户都希望资助者是富有的，因此民众不会也不允许质疑政治大咖们农场、汽车和豪宅的来源。

正直勤勉的公务员如果不能给别人带来好处，就会遭到亲戚朋友的鄙视，他们会认为他们太小气或是伪善。即使在学校、教堂和其他公共或私人组织里，当权者都会敛财而不必担心公众的谴责。由此造成的结果是，国家资源通过不公平的合同（例如签订合同要有10%的回扣）、高额的工资、虚假发票等手段被抽走；国家资源在庇护体系之下以浪费的方式被再分配。因此，腐败拖延国家的发展，培育了一批寄生的"精英"。政府运作就如同一个骗局，法律规范的作用就是从老百姓口袋里掏钱，司法由于利益而遭到破坏，伪造文件使不正常的交易成为可能。

利比里亚政治文化的另一个特点是对等级制度的推崇——这也是庇护体系的另一个方面，表现在利比里亚人对上级权威的谦卑与顺从。社会上，对权威尊重和顺从的观念根深蒂固。家庭、学校（本土的、伊斯兰教的和正式的）和教堂的社会化都教育利比里亚人服从上级。例如，妻子在家里被教育要顺从甚至要容忍不忠的丈夫。这种顺从体系通过多种方式得到强化——比如对异议者巧妙的威胁、收买或惩罚。在政治领域监管一直存在，异议者会受到敲诈或收买，极端情况下还存在着监禁和暴力甚至袭击和谋杀。沉默的社会风气导致了媒体的自我审查和对当权者的谄媚，媒体报道多充斥着当权者的事迹和语录。领导者的功绩被捧上天，而私下的不法行为却没有被报道。在第三章我们提到过，对于需要养家糊口的记者来说，冒险去得罪当权者的成本太高。当政治文化不鼓励批判时，忍耐成了治愈利比亚社会创伤的方法，结果却是错误在不断重复，无能的体制没有受到任何挑战。即便如此，容忍经常无法帮助

第七章　社会习俗和生活方式

到资助者的圈外人或部族的圈内人。

参考文献

Brown, David. "On the Category 'Civilised' in Liberia and Elsewhere," *Journal of Modern African Studies* 20, no. 2 (1982): 278~303.

布朗，戴维：《利比里亚和其他地方不同类别的"文明"》，《现代非洲研究》20，第2期（1982年）：第278~303页。

Bundy, Richard C. "Folk-Tales from Liberia (In Abstract)," *Journal of American Folklore* 32, no. 125 (July-September 1919): 406~427.

邦迪，理查：《利比里亚的民间故事（摘要）》，《美国民俗文学杂志》32，第125期（1919年7~9月）：406~427。

Conteh, Al-Hassan. "Reflections on Some Concepts of Religion and Medicine in Liberian Society," *Liberian Studies Journal* 15, no. 2 (1990): 145~157.

康特，阿欧哈桑：《利比里亚社会中宗教和医学一些观念的反思》，《利比里亚研究》15，第2期（1990年）：第145~157页。

David, Soniia. "'You Become One in Marriage': Domestic Budgeting among the Kpelle of Liberia," *Canadian Journal of African Studies* 30, no. 2 (1996): 157~182.

大卫，索尼亚：《你成为了婚姻的一员：利比里亚克佩尔族的家庭支出研究》，加拿大非洲研究期刊30，第2期（1996年）：第157~182页。

Fraenkel, Merran. *Tribe and Class in Monrovia*. London: Oxford University Press, 1964.

弗兰克尔，莫让：《蒙罗维亚的部落和阶层》，伦敦：牛津大学出版社，1964年。

Handwerker, W. Penn. "Technology and Household Configuration in Urban Africa: The Bassa of Monrovia," *American Sociological Review* 38, no. 2（April 1973）：182~197.

汉德沃克，W. 佩恩：《非洲城市的技术和家庭构造：以蒙罗维亚的巴萨族为例》，《美国社会学评论》38，第2期（1973年4月）：第182~197页。

Holsoe, Svend E. "The Dynamics of Liberian Vai Culture and Islam," *Liberian Studies Journal* 12, no. 2 (1987): 135~148.

霍尔索·斯文·E.：《利比里亚瓦伊族文化和伊斯兰教的发展动力》，《利比里亚研究》12，第2期（1987年）：第135~148页。

Johnson, S. Jangaba M. "The Traditions, History, and Folklore of the Belle Tribe," *Liberian Studies Journal* 1, no. 2 (1969): 45~73.

约翰逊，S. 詹加巴·M.：《贝尔族的传统、历史和民间传说》，《利比里亚研究》1，第2期（1969年）：第45~73页。

Moore, Bai T. "Categories of Traditional Liberian Songs," *Liberian Studies Journal* 2, no. 2 (1970): 117~137.

摩尔，拜·T.：《利比里亚传统歌曲的分类》，《利比里亚研究》2，第2期（1970年）：第117~137页。

Moran, Mary H. "Woman and 'Civilization'": The Intersection of Gender and Prestige in Southeastern Liberia, *Canadian Journal of African Studies* 22, no. 3, special issue: Current Research on African Women (1988): 491~501.

莫兰，玛丽·H.：《女性和"文明"：利比里亚东南部性别和声望的交融》，《加拿大的非洲研究期刊》22，第3期，《特刊：关于非洲女性的最新研究》（1988年）：第491~501页。

Nichols, Douglas, Emile T. Woods, Deborah S. Gates, and Joyce C. Sherman. "Sexual Behaviour, Contraceptive Practice, and Reproductive Health among Liberian Adolescents," *Studies in Family Planning* 18, no. 3 (May-June 1987): 169~176.

尼科尔斯，道格拉斯、埃米尔·伍兹，德博拉·盖茨和乔伊斯·谢尔曼：《利比里亚青少年的性行为、避孕措施和生殖健康》，《计划生育研究》18，第 3 期（1987 年 5 月 ~ 6 月）：第 169 ~ 176 页。

Ofri-Scheps, Dorith. "Bai T. Moore's Poetry and Liberian Identity: Offering to the Ancestors," *Liberian Studies Journal* 15, no. 2 (1990): 26 ~ 90.

欧福礼 – 柴普斯，多雷斯：《拜·摩尔的诗歌和利比里亚认同：献给祖先》，《利比里亚研究》15，第 2 期（1990 年）：第 26 ~ 90 页。

Yoder, John C. "Liberian Political Culture: The State, Civil Society, and Political Culture" (mimeo).

尤德，约翰·C.：《利比里亚的政治文化：国家、公民社会和政治文化》（油印本）。

注　释

1　多雷斯，《拜·摩尔的诗歌和利比里亚的身份：献给祖先》，《利比里亚研究》15，第 2 期（1990 年）：第 73 页。

2　约翰·尤德，《利比里亚的政治文化：国家、公民社会和政治文化》（油印本）。

3　莫让·弗兰克尔（Merran Fraenkel），《蒙罗维亚的部落和阶层》（伦敦：牛津大学出版社，1964 年）。

4　撒哈拉以南非洲，又称下撒哈拉（Sub-Saharan）地区，俗称"黑非洲"，意为"黑种人的故乡"，泛指撒哈拉大沙漠中部以南的非洲。——译者注。

第八章　音乐和舞蹈

> 音乐,是利比里亚社会生活的一部分……它反映了整个社会和宗教的变迁与形成,换言之……音乐就是文化。
> ——莱斯特·芒茨(Lester P. Monts),
> 音乐学家、人类学家[1]

音乐和舞蹈就像利比里亚文化的其他方面一样,同样展现了其文化起源和灵感来源的双重性(本土和外来文化)和本土传统风俗的多样性。在这一章里,我们将追溯本土和现代音乐的起源,详细描述其组成要素,以此来讨论音乐和舞蹈这两个相关联的主题。虽然利比里亚民众已经把基督教和伊斯兰教本土化,但我们还是要提到它们对音乐和舞蹈的影响。当然,在讨论中我们也会突出利比里亚的文化大使(cultural ambassadors)对音乐和舞蹈的贡献。

和其他西非国家类似,利比里亚本土或传统音乐是混合而成的,同时包含声乐的重复(vocal repetition)、多旋律(polyrhythms)、吠叫声(ululation)和问答形式(call-and-response)。在特殊的场合(生日会、婚礼、加冕、节日和葬礼）和日常活动（工作和娱乐）中，音乐的演奏都有伴舞和伴奏。伊斯兰教的传入影响到瓦伊族和其他民族的本土文化，对当地世俗和宗教的音乐产生了影响。基督教音乐由基督教传教士传入，并通过美裔利比里亚基督教徒传播开来。但是，现在的一些基督教音乐是本土语言结合了西非旋律的教堂音乐，本土特征的问答式歌词和美国式的和谐之音共同组成。现代音乐被一种称为嗨生活（high life）的流行音乐所影响，这种音乐流派结合了拉美的舞蹈旋律、非洲和西式乐器以及本土曲调和歌词。自从20世纪五十年代以来，它逐渐成为西非的主流音乐。利比里亚的克鲁族对它的传播起到了重要的作用，使它可以跨过加纳和塞拉利昂之间的西非海岸而广泛传播。

利比里亚本土的音乐和舞蹈

丰富多彩的本土音乐

为了表述更为清晰，我们在这一章节重点关注利比里亚内陆原住民的本土音乐和舞蹈。当然，美裔利比里亚人在美国创造了黑人的音乐和舞蹈，并带回到利比里亚。这种音乐由教堂诗歌、爱国歌曲、流行舞蹈音乐所组成。不过在此我们并不讨论西式的流行舞蹈音乐。

利比里亚的每个族群都有一套属于自己的本土音乐，其中包括适合于不同场合的曲目。[2] 这些歌曲的歌词展现了家族或者社会的历史变迁情况。歌曲记录了曲作者、表演者个人生活的重要时刻，重要事件或者在社区内个人的经历，他们为生命而庆祝,同样也为死者哀悼;他们的音乐都与工作和娱乐相关,与政治和宗教仪式相关。简而言之,本土音乐与个人生命的各个阶段都有联系,记录了家庭和种族群体等大型社区的兴衰演变。出生、死亡、运动、世俗和宗教教育以及民间故事的传播,都有与之相对应的音乐。

在跨越利比里亚/科特迪瓦边境的吉奥族地区,音乐创作是家族继承的职业,并且深受人们尊重。传统上,音乐家都依附于酋长、战士、武士以及秘密的社会团体和专业协会,他们辗转各地谋生。他们的乐器包括葫芦摇鼓(gourd rattles)、臼(mortar)、裂痕鼓(slit drums)以及铃铛。吉奥族把鼓和金制的小号放在一起演奏音乐,这种音乐一般需要面具舞的配合表演。他们的音乐大致可以分为三种:颂歌(zloo)、舞蹈音乐(tan)和葬礼挽歌(gbo)。舞蹈音乐是最流行的音乐类型,但是它的内容是十分固定的,而颂歌却是开放的,可以根据歌唱对象和观众的特征即兴发挥。克佩尔族也有职业的音乐家,但是他们的另一个身份可能是农民或者工人。这些音乐创作者(ngulei-siyge-nuu)在宴会、葬礼和某个节日时表演。女性一般只表演独唱,男性可以担任故事叙述者、歌手和乐器演奏者。

克佩尔族的乐器和吉奥族很相似,包括木琴(bala)和长笛(boo),它们由象牙、木头或者动物的犄角做成,还有侧吹号角(sideblown horn,音turu),拨浪鼓(rattles)和各式各样的裂痕鼓(slit drums)。克佩尔族在很多场合都会演奏音乐,比如初次参加坡罗和散蒂的仪式、丰收、游戏、工作、假日以及面具舞。

第八章 音乐和舞蹈

利比里亚人为许多日常的或季节性的活动创造了各种不同的音乐。不同的族群创造出了不同的音乐,以此表现他们的职业特征,然后又在各个不同族群间传播。因此,德伊族、戈拉族、瓦伊族和门迪族都有一系列针对工作、休闲和娱乐的大型歌曲。稻米之歌(Rice songs)来自门迪族和瓦伊族,因为两地的农业文明起步较早,而戈拉族当时的主要生存手段是狩猎,因此他们有狩猎之歌。但是,每个族群都有一系列专门针对不同知识和传说的歌曲。

利比里亚东南部的克鲁族善于航海,他们这种固有的能力是通过海上迁徙和在欧美国家的轮船上工作而锻炼出来的。他们的传统音乐以声乐为主导,用木质的鼓(tuku)和其他打击乐器伴奏,并配合军旅歌曲,由一系列的"斯奥勒勒"(si-o-lele)歌曲以及女性在采集和葬礼的过程中合唱的歌曲共同组合而成。这种音乐流派在利比里亚其他族群中也广为流行,在20世纪中叶甚至传播到了西非之外的地区。

日常生活中的音乐和舞蹈

音乐和舞蹈描述了利比里亚土著社会人们的日常生活和从摇篮到坟墓的各类季节性活动。同其他社会一样,无论是男是女,孩子的父母和其他亲友都会庆祝婴儿的诞生。唱歌是孩子出生的前兆,生小孩意味着妈妈要同死神大战一场来争夺孩子。快乐的呐喊(hoyoo)欢呼着宝宝出生,宝宝此时正在杰出匠人(zo)的屋子里或者在用栅栏做成的围墙里。这些歌曲通常是即兴之作,但其他歌曲也相当普遍,同特定的族群有关。戈拉族、格班迪族、格雷博族、吉奥族和瓦伊族都有摇篮曲,这些曲子要么用来安抚小孩,要么哄小孩入睡。摇篮曲的歌词通常会说明妈妈干什么去了,给人们的印象是好像宝宝似乎能够明白为什么他们没有得到应有的关注。格班迪族摇篮曲的歌词如下:

>   宝宝不要哭
>   妈妈钓鱼去
>   抓个大螃蟹
>   烤给我们吃

这和另一首吉奥族的摇篮曲相似

>   哺乳期的妈妈乱跑是不对
>   把宝宝随便给人抱也不对

孩子们做游戏时也会唱歌助兴,这是当地教育和社交活动的重要组成部分。游戏和助兴的歌曲反映了日常生活中遇到的挑战,例如保护水稻免遭鸟类的破坏或者传递某些优良的品德,例如智慧。瓦伊族游戏"妈妈,我要小木船"就是孩子们边唱歌边玩。男孩们唱着歌,尽力冲出同伴们手拉手围成的圆圈。这首歌的部分歌词如下:

>   妈妈,请给我一艘小木船
>   但不见船儿的踪影
>   妈妈,请给我一把船桨

但不见船桨的踪影

若看到船和桨,我可以带他们到任何地方吗?

当一个男孩唱的时候,小伙伴们高声回应——"可以",但他要尽力把小伙伴的手掰开。格雷博族的游戏——"帕克吃钱(Kpako Ate the Money)",也是游戏和歌曲相结合,男女孩都可以玩,在游戏时,孩子们反复唱着"帕克吃钱"。

利比里亚民众还创作了许多在干农活时演唱的歌曲,在打扫农场、砍树、焚烧废物、除草、种地和收割时歌唱。农活通常需要很多人一起干,边唱边干会更有效率。洛法地区的基西族创作了下面这首姑娘们在除草时唱的歌:

你们那儿有几个人?

我们这儿有十个人,别忘了喊我们的名字。

领头的人唱第一句,其他除草的人唱第二句作为高潮部分。在吉奥族中,既能劳动又能唱歌的人被称为"黛姆"(demu)或"库"(kuu)。人们在打扫农场时,鼓励大家干活的歌是:

Hoo e wende I yoo

Hoo wee

Hoo e wende I yoo

Hoo wee

领头人唱第一句,其他人唱第二句作为高潮部分。尽管我们无法准确地翻译歌词,但歌曲对劳动者来说很有意义。在歌唱的鼓励下,人们可以踏实地连续干几个小时。在利比里亚东南部的克鲁族,人们创作了在砍树和种稻谷时唱的歌。砍树歌一般是这样唱的:

> 我要砍倒一棵大树,
> 否则我就娶不到媳妇。

砍树被看作是男子气概或种植能力的标志,是男人成家的先决条件,这一点是非常重要的。从基西族作曲家——来自科拉洪(Kolahun)地区丹波(Tamba)创作的歌曲,人们可以看到婚姻生活或骑士精神的强大吸引力。

> 女人多丑我不管,只要腰儿摸起来软,
> 女人对你说"不行",其实她的意思是"行",
> 格班迪族女孩对我说:"萨拜(Sabai),过来,我们一起吃米饭。"
> 她们没有意识到我不会说格班迪族语。
> 丹波·森吉吃了很多鸡蛋,才学会把木薯叶和鸡蛋一起煮。
> 秃头男不爱在晚上打架,因为他怕伤到头。

日常生活中的很多故事都被写入各种歌曲里。这些歌曲被称为耀姆博(Yombo)、丹迪雅(Dendia)、考蜡考(Kolako)

或巴（Baa）、瓦雅（Waya）、莱姆格博（Lemgbe），各自在吉奥族、德伊族、巴萨族、帕里普族（Palipo）、戈拉族等部族中长期留传下来。这些歌曲涉及警示、笑话、八卦、称颂或者关注一些世俗之事，比如爱情、情感和婚姻。"爱"一直都是在本土歌曲的主要话题。歌曲流露出人们对爱的失望，警告人们不要意乱情迷。20世纪20年代，戈拉族的一首歌讲述了姑娘们是如何追求法恩·瓦萨——那个年代最优秀、最合适的男人。她们给他做了一道菜，结果发现食材选择不当。歌词是这样记录失礼过程的：

> 我们做了牛油豆（butter beans）给瓦萨吃，
> 可是瓦萨是不吃护身符（amulets）的。

之所以提到护身符，是因为利马豆看上去像伊斯兰占卜者制作的护身符。佩戴这种护身符，可以保护灵魂不受侵害。瓦伊族保杜凯·祖格波（Bondokai Zoogboo）创作的情歌则反映人们对爱情失望的主题。

> 你若在船里找到棕榈（raffia）树枝，就用它来划船
> 在我将要离开时，遇到了你，你说你爱我
> 在无意中遇到了你，你说你爱我

歌曲是在警示人们不要意乱情迷，要考虑到事情的后果。大吉德州帕里普族歌曲"格波巴步丽"（Gbo ba bli），讽刺了忌妒心和占有欲强的丈夫，歌词如下：

> 去费尔南多坡的人们划船回来了，还享受到了自由
> 牢里的人也该获得自由
> 女人也有出去玩（跳舞）的自由
> 塔布曼总统已经给予我们自由，我们准备出去玩

　　这首歌所传达的历史和社会信息具有重要意义。歌中所指的费尔南多波岛（Fernando Po）曾经爆出过压迫劳工的丑闻。这个丑闻让20世纪20~30年代的利比里亚成为一个流氓国家。当时，利比里亚内地的人们被送往由西班牙控制的费尔南多坡岛当作奴隶使用。这首歌提到这个故事，意思是说被运往费尔南多坡岛的人都重获了自由，但由于丈夫控制欲强，妻子们仍然受到束缚。这首歌起源在1944年到1971年之间，正是威廉和塔布曼在利比里亚当总统的时期。这首歌可能是歌颂塔布曼总统对内地人民采取的政策。因此，这首歌已经超越了世俗的婚姻生活的内容，具有了社会评论的意义。下面戈拉族的这首歌曲同样反映了丈夫嫉妒心的问题，歌曲的年代已无法考证。

> 我合上了书。
> 如果你真的这样做
> 那个爱嫉妒的男人睡不着
> 等那个家伙睡着后我就溜出去，亲爱的
> 如果你真的这样做
> 那个蠢货会被大雨淋
> 我合上了书

等那个家伙睡着后我就溜出去，亲爱的

利比里亚本土歌曲、戏剧或舞蹈通常会批判人性的弱点和罪恶。20世纪20年代瓦伊族的一首歌曲，就嘲笑那些努力把自己打扮得比实际年龄更年轻的女性。这首歌在美白霜和染发流行之前就出现很长时间了，歌词十分直白：

老妇人满头白发
早已不再是个年轻妈妈
你为何还要穿得如此艳丽

这首歌暗讽那些喜好英国布匹，当地叫梵蒂（Fanti）布的时尚中年女性。这说明人们不赞成女性穿着和她们年龄不相符的服装，谴责那些想要与年轻姑娘竞争过上美好生活的妇女们。歌曲还暗含了社会对大龄妇女追求女性美的压制。戈拉族一首名为"贾马"（Jama）的诗为我们描绘了典型的妇女形象：

女人是藤蔓，攀附于树
女人是枪膛，为男人而设计
女人是钻石溪，需要男人鉴别
女人天生不应该议论男人

在利比里亚，女性的典型形象是依附于男性、容易被男性控制，同时她们还是不太可靠。理想的女人不应该与男人斤斤计较。在传统父权社会里，这些观点都反映出男性至上的沙文主义思想。

但流行音乐也会描述女性的情感，比如20世纪50年代流行的戈拉族的民歌"巴尼亚姆构考玛"（Ba Nya M Go Koma）。这首歌描述没有孩子的女性对生活的反抗。在父权社会里，婚姻的目的是生育，因此她们的困难得不到人们的同情。歌词如下：

Ba nya m go koma o
E koma je jee
Ba nya m go koma o
M jei yei Gola
Mfe goye joa nyu ndo
By nya m go koa o
Ekoma je jee
Ba nya m go koma o
M jei yei

英（中）译文如下：

I will rear nobody's child（我无法生育）
They said I had no child（他们说我没有孩子）
To have a child is painful（生孩子很痛苦）
They said I had no child（他们说我没有孩子）
So I will sit down so.（我无能为力）[3]

第八章 音乐和舞蹈

利比亚里的本土音乐还记录了人性的特征和对社会规律的观察。洛马族的流行女歌手洛浦（Luopu）创作的一首歌曲，歌词简洁地描述了这些现象：

> 穷人没有愤怒的权利
> 穷人没有朋友的支持
> 追随心灵而动
> 人因为有了家庭而为人
> 如果你有一个成年的女儿，大批年轻男子将会蜂拥而来
> 奉承你，讨好你
> 女儿出嫁后，你便无人问津

1965年德伊族语的一首歌曲同样反映了人们生活中的规律，比如事物发生的前因后果。歌曲还说明一些道理，比如星星之火可以燎原，聚少成多。

> 拉住绳子，绳子将会拉住灌木（树）
> 如果下面有噪音，猴子将无法入睡
> 如果事情还在纠缠之中，它将无法完成
> 族长有什么秘密不能告诉我们？
> 事情需要一件一件地去完成

歌曲还会用来纪念重要的历史事件或者赞颂某些名人——例如利比里亚的总统和最高长官，或者赞颂国家取得的一些伟

大的成就。1814 年，杜阿鲁·布克勒（Dualu Bukele）发明了瓦伊族的文字，并且正式把它递交给"贾瓦拉"（Gawula）王国的国王。以下这首歌正是为了纪念这位发明者而创作。在 1847 年，利比里亚独立之后，这首歌经过修改成为了瓦伊族的颂歌：

  尽情欢愉吧
  我是年轻的豹，把我献给国王吧
  小树已经成材
  利比里亚之星指引着我们的方向
  欢呼吧，先辈们的付出终于得到了回报

19 世纪戈拉族首领"克莱的克跑马克坡洛"（Kpomakpolo of Kle）战无不胜、战功赫赫，他的营地从未被占领过。因此，戈拉族妇女用下面这首歌来赞颂他：

  带我去见克莱
  带我去见克莱
  如果你是男子汉，就带我去见克莱
  带我去见克莱
  克莱枪威力无比
  带我去见克莱
  带我去见克莱
  如果你是男子汉，就带我去见克莱

第八章 音乐和舞蹈

利比里亚本土音乐关注世俗和宗教。男生和女生在进入坡罗和散蒂的时候，会分别举行仪式。这个仪式在本土文化中具有重要意义，人们通常会配上音乐或者宣布仪式的不同阶段。下面这首起源于吉奥族的歌曲，表达了人们对参加坡罗仪式的欢快之情：

> 我们已经走进了斗树（doo tree）的怀抱
> 我们在树林的入口支起了用棕榈叶子织成的帘

这首歌告诉我们，妇女和没有经历坡罗仪式的人禁止进入树林的秘密会议。在坡罗仪式快要结束之时，男人和女人都会跳德伊族、戈拉族、门迪族和瓦伊族的"资阿瓦"（ziawa）舞。"资阿瓦"歌曲还反映了孩子们在加入坡罗或散蒂时父母的稻田所遇到的困境，或描述了反抗坡罗的年轻女性的命运。散蒂歌曲要求女孩要注意守纪律，比如要早起。正如下面这首基西族的歌曲所说的：

> 散蒂的女孩子们，天已经亮了
> 别害怕，所有的一切都是美好的

还有一些歌曲则展现了人们参与仪式时的感受和想法，正如瓦伊族的这首歌：

> 我坐在这儿
> 身无一物

> 我一无所知
> 佐沃（Zowo kpemgbe）已经在指引你了

死亡是人们无法逃避的，利比里亚本土葬礼音乐也颇具特色。每个部族都有自己的一系列葬礼挽歌。坡罗的男性在克佩尔族头人的葬礼上会唱下面这首歌：

> 头人，让我们到乔林里去吧
> 你不用怀疑，坡罗已经枝繁叶茂

利比里亚东南部大吉德州的帕里普族，没有坡罗的传统，但他们有一首歌名叫"阿达可帕奥"（Aa dakpa o），生动地描述了生命的短暂和对于死亡的无奈：

> 我们来到这个陌生的世界
> 来时的路上，我们都是陌生人
> 陌生的人们要回去了
> 我们都是陌生人，我们终有一日都要离开

巴萨族的葬礼挽歌则反映了人们失去爱人的痛苦：

> 爱人去世了，我再也见不到他了，
> 吉奥把我的父母带走了
> 我再也无法见到他们
> 谁将会陪我继续走下去？

第八章 音乐和舞蹈

洛法部族首领的妻子摩尔·庞加（Mole Punga）在失去独子之后，创作了一首感人的挽歌。她的悲伤和痛苦被记录在这首经典的歌曲里：

> 每个女人都希望有个人（孩子）陪在身边
> 而我的身边只有空荡荡的垫子，让我如何安心入睡？
> 我唯一的孩子在深眠
> 你躺下了，胡椒鸟（pepperbird）在啼哭，而你却无法醒来
> 我夜夜惊醒，想着我的孩子
> 这就是生活，一切皆有可能
> 可是为什么命运对我如此不公？

世俗的和宗教的本土音乐一般都会伴有舞蹈，尤其在坡罗和散蒂的仪式上。歌舞是年轻人在坡罗和散蒂这种神秘组织中必学的知识。通常在没有加入坡罗或散蒂之前，孩子们已经通过自学或者在日常生活中与年长者的接触熟悉了这些音乐。游戏和边唱边玩是孩子们消遣的重要方式。另外，大人们在捕鱼、狩猎或者用研钵研磨食物时唱的歌曲，对孩子们也会起到耳濡目染的作用。孩子们最初并不能理解歌曲的内容，但接受仪式教育之后，他们很快就能明白这些歌曲在不同场合的用途。因此，坡罗和散蒂教育的启动仪式上，公开表演舞蹈是一大特色。

在仪式上，孩子们伴随着导师演奏传讯鼓（gihn）的音乐起舞。导师在坡罗里是指"肯彼"（Kembe，意为叔叔），在

散蒂里则是贝利和"肯盖"（Kengai）。表演中的其他乐器和歌词部分则由妇女来完成。进入散蒂以后，女孩要接受高密度的歌舞练习。在训练中，表现突出的女孩就可以在公开的仪式上演出。散蒂女孩可以用舞蹈来表现日常生活行为——烹饪、种植、捕鱼、上妆和采集野生蜂蜜。对散蒂成员而言，舞蹈不仅是一种体操或者身体锻炼，更是一种娱乐和教育方式。舞蹈表演主题清晰、有美感和意义。舞蹈需要身体和四肢的协调，并能向没有入会经常迷失的人们传达哲理。

在散蒂社会里，戴面具的精神舞者（zoo-ba）值得关注。她们在各种庆典和仪式上扮演着非常重要的角色。在非洲，戴面具的女性舞者非常少见。在坡罗里，与之相对应的是贝利（Beli）组成的小团体，被称为乌萨（wusa），他们表演大型杂技舞蹈。在利比里亚各个本土社区中，音乐和舞蹈一个很重要的特点就是戴面具的表演者，他们代表了神秘社团在公众中的形象。戴面具的舞者会在村镇的公众活动中进行表演，并且能够使用当地的语言唱歌。

克佩尔族民间故事的音乐剧又叫米莉—皮里（meni-pelee），融合利比里亚社会的音乐、舞蹈和戏剧于一体。音乐剧的观众主要是来赶集的人们。演出包括一名主要的故事叙述者、一个主唱和数名伴奏。当然，观众也会积极地配合演出，因为每个人对剧目的主题和歌词都非常熟悉。故事都有教育意义，传播道德观念，向人们传输社会价值观和传统观念，教导人们家庭团结，遵守习俗和自然法则。除了说教的功能之外，米莉—皮里也具有娱乐的作用。为了达到娱乐效果，故事叙述者可以自由使用各种夸张的表演方式，比如使用拟声（制造仿真的声音)、各种夸张的表情和手势、各种感叹、肢体动作、背诵和停顿等多种手段来活跃气氛。

利比里亚本土音乐通常呈现出族群或语言群的地方化趋势,舞蹈或歌曲能够反映出不同作曲家们的特殊经历。但宗教歌曲和舞蹈需要遵循一定的标准,因此变化不是很明显。相反,世俗的音乐和舞蹈则会随着时间发生变化,尽管很多情况下风格会反复。虽然,不同语言群体用各自的语言来传播歌曲和舞蹈,但是有些歌舞还是不局限于某一族群。比如一首流行的克鲁族歌曲名叫"斯奥勒勒"(Sio le le),在20世纪60年代早期被改编成瓦伊族的颂歌。

与使用苏丹语的非洲(Sudanic Africa)穆斯林社会不同,音乐家和艺人在利比里亚没有遭到歧视,也没有处于社会底层。相反,表演家们的社会地位比铁匠、纺织者和雕刻家高,获得更多的社会认可。不过,在利比里亚北部和中部的坡罗/散蒂社区里,铁匠经常担任受人尊敬的工匠的角色。

在酋长制的社区里,音乐和舞蹈还可以得到政客或者皇室的支持。在这些社区内,通常会有宫廷乐师。所以,人们会经常在首领的随从中发现穿着豹纹服饰、佩戴贝壳等饰品的音乐家。世俗和宗教的音乐都用传讯鼓和一种本土的手卷钢琴"康高巴"(kongoma)伴奏。贝尔族发明了"堂代格"(tandeg),又被称作"方噶"(fanga)的一种乐器,它在战时用来激励士兵奋勇作战。贝尔族和其他利比里亚人使用各式各样的鼓、山姆巴(samgba)、莎莎(sasaa)以及孔尼基(konigi)(最初属于洛马族)等乐器创作音乐。在外来文化的影响下,利比里亚又出现了新的乐器。比如,周游世界的克鲁族水手把吉他纳入到他们的乐器中。克鲁族的传统乐器是用葫芦、雕刻的木棍和弦做成的弹拨琴。吉他的引入大大改进了他们的弹拨琴。其他的乐器还包括班卓琴、手风琴、口琴和六角风琴等。克鲁族和格雷博族还引入了铜管乐器。乐队表演融合了非洲和欧洲的音乐曲风。在20世纪30年代,铜管乐队在利比里亚的海岸城市十分流行。

伊斯兰教对音乐和舞蹈的影响

利比里亚的本土音乐受到了外来文化——例如伊斯兰教的影响。瓦伊族可能是受伊斯兰教影响最深的本土部族。与其他西非地区不同的是,伊斯兰教进入瓦伊族之后,既没有带来新的乐器,也没有禁止某些音乐形式,政治领袖也没有优待音乐家。在伊斯兰传入的早期,传教士们创造了一种音乐形式"苏库"(suku,这个词来自阿拉伯语shukran,表示感恩的意思)。它的歌词融合阿拉伯语、瓦伊族语和栲尼咔语(Koniaka)三种语言。但它并没有完全照搬伊斯兰教音乐,而是呈现出浓厚的西非特色:复杂的韵律结构和对歌(call-response)的形式。尽管如此,它仍具有伊斯兰教的音乐元素:伊斯兰教歌曲和祷告、典型的伊斯兰教的圣歌旋律和表演时变换各种姿势与动作。最初,伊斯兰教的影响只限于召集祷告人、咏唱古兰经和仪式性的祈祷,而并没有延伸到瓦伊族葬礼和捣米等日常活动的歌曲中。

在20世纪末期,瓦伊族社会的伊斯兰化越来越严重。伊斯兰教音乐取代了瓦伊族葬礼上的传统音乐。歌词不再用瓦伊族的土著语言，而是阿拉伯语或者将阿拉伯语和土著语言相结合。葬礼上不再演奏土著音乐，取而代之的是伊斯兰教音乐。音乐不再是颂扬逝者或者祖先，而是歌颂真主和穆罕默德。这样，祈祷和背诵古兰经取代了瓦伊族的葬歌。

伊斯兰教对利比里亚神秘音乐和散蒂舞蹈具有深远的影响，特别是瓦伊族。从传统意义上说，无论是在坡罗（瓦伊族称为贝利）还是散蒂，音乐是男孩和女孩启蒙教育中非常重要的因素。群体歌舞表演可以培养孩子们的团体意识。在瓦伊族，本土音乐表演中，女性会使用葫芦拨浪鼓——莎莎（sasaa）进行演奏。掌握乐器是在散蒂中训练的重要部分。在坡罗，有才华的男孩同样要接受各种乐器的培训。

伊斯兰教对坡罗和散蒂梵歌的影响主要体现在音乐表演形式结构上的变化。在圣堂（sacred lodges）里鼓掌唱歌是伊斯兰传入之前歌唱的重要形式，而使用葫芦拨浪鼓则起到补充鼓掌的功能。然而伊斯兰教规严格，这就意味着乐手们无法随意改动歌词，更何况散蒂女性大多不精通阿拉伯文。但不论哪种形式，歌曲都是通过合唱的方式来呈现，包括"对歌"的形式——主唱会有更多的旋律，伴唱也不仅仅是反复咏唱主唱的副歌部分。伊斯兰教的影响还表现在瓦伊族没有出现戴面具的精神舞者，并催生了一种新的仪式"组巴"（zoo-ba）。

在伊斯兰教的影响下，瓦伊族传统音乐家的数量急剧下降。这种现象在同属坡罗和散蒂体系的戈拉族和门迪族中则不太严重。与之相对，穆斯林仪式和庆祝活动催生了一个独特的专业音乐家群体"苏库巴"（sukuuba），他们的数量在不断增加。他们需要在古兰经学校接受专门培训，并在穆斯林的仪式上表演。

瓦伊族中的伊斯兰音乐完全都是声乐作品，没有阿拉伯风格的乐器伴奏。这与西苏丹、加纳和尼日利亚的音乐形成了强烈的反差。瓦伊族的伊斯兰音乐强调声乐作品的完整性。所有"苏库"歌曲都必须包含阿拉伯语的歌词，否则就等同于世俗音乐（don）。但古兰经的诵唱不被看作是"苏库"。然而，在作曲上，伊斯兰教歌曲与非伊斯兰教的瓦伊族歌曲风格相似，都展现出丰富的创造力和创新性。歌词可以来自古兰经或伊斯兰教的格言，语言可以是阿拉伯语、瓦伊族语和栲尼咔语。

现代音乐和舞蹈

在利比里亚，本土和现代的音乐舞蹈共存。以克鲁族为例，传统本土音乐融入现代元素后，取得了令人满意的效果。克鲁族的棕榈酒吉他风格音乐十分出名，在整个西非地区都非常流行。棕榈酒吉他风格音乐是原汁原味非洲音乐的创新之作。它源于非洲独特的两指弹奏吉他的方式。在尼日利亚，它被称做克鲁族棕榈酒音乐，在蒙罗维亚被称为微风音乐（breeze music）。后来，美裔利比里亚人用吉他弹奏的方式对其进行了改良。克鲁族棕榈酒吉他风格音乐传播到了尼日利亚和加纳。这种原声吉他（dagomba）风格对加纳的舞曲音乐（highlife music）影响巨大。在 20 世纪 40~50 年代，克鲁族的舞曲音乐在尼日利亚有着空前的影响力。人们尝试用管乐器来演奏这些音乐，包括长笛、哨笛、风琴和曼陀铃琴。20 世纪五十年代晚期以来，克鲁族音乐的影响力逐渐下降，但棕榈酒吉他音乐在尼日利亚和加纳具有持续的影响力。从克鲁族老歌演变而来的"她再次为它而来"(O Gio te bo)和"斯奥勒勒"(Si-o-lele),盛行于西非和其他地区。20世纪40~50年代,加纳和塞拉利昂的许多流行音乐都能看到"她再次为它而来"(简称OGTB)的影子。

利比里亚非传统的音乐和舞蹈起源于基督教和伊斯兰教,分别以美裔利比里亚人和瓦伊族为代表。不同的是,美裔利比里亚人直接把教堂和西方传统音乐带到利比里亚,而伊斯兰教则是通过渗透逐渐影响瓦伊族的传统音乐。现代流行音乐与本土音乐和宗教音乐不同,从20世纪中期开始流行。在第二次世界大战(1939~1945)期间,利比里亚著名的通俗民乐家贝贝·海耶斯(Baby Hayes)发行了一张专辑。专辑收录了《丛林牛乳》(Bush Cow Milk)、《娜娜克鲁》(Nana Kru)、《加图》(Jatu)、《鸡肉、棕榈油和大米绝配》(Chicken is Nice with Palm Butter and Rice)等歌曲。同一时期,利比里亚格林伍德乐队也发行了专辑。20世纪50年代,一些专辑还专门收录了利比里亚各个族群(吉奥族、克佩尔族、巴萨族、洛马族、克鲁族、瓦伊族、戈拉族和曼丁哥族)的本土歌曲并公开发行。美国歌手托尼·塞尔坦(Toni Saletan)旅居利比里亚期间,收集并演唱了许多利比里亚的民歌,包括激情昂扬的"年轻姑娘们都冲向飞机场"和其他本土语言歌曲。"年轻姑娘们都冲向飞机场"描述了第二次世界大战期间,年轻的女孩子和驻守在罗伯茨国际机场的美国大兵之间的爱情故事。

20世纪60年代,电池卡式录音机普及大大促进了利比里亚本土歌曲的发展。卡式录音机成为利比里亚内地人们家中的珍宝，它大大便利了人们在宴会和庆典上唱歌和跳舞。在利比里亚本土音乐盛行的浪潮中，需要提到文化偶像拜·摩尔（Bai T. Moore）。他的专辑收录了大量的本土歌曲。1962年，他的本土歌曲一经发行就迅速在全国广播电台传开。其中一个专门的广播节目——"我们国家的音乐"主要关注本土音乐。宗教电台永恒至爱（ELWA）是播放本土音乐的先行者，主要播放土著语言的宗教音乐，后来大量播放本土流行音乐。本土音乐的保护和收集得到了官方的支持，政府资助了一个在利比里亚内陆社区搜集当地民歌的项目。项目组成员包括里尔·萨克斯斯坦（Leo Sarkistan）和拜·摩尔。经过两年的艰苦工作，项目组搜集到了大量的民歌，并将其整理成为一张很长的专辑，取名"利比里亚的音乐时代"。

20世纪60年代以来的几十年里，以加纳舞曲、美国爵士乐和古巴黑人（Afro-Cuban）音乐为代表的国外流行音乐在利比里亚的影响力持续上升。虽然传统音乐和舞蹈发展式微，但没有一种外来音乐超越本土音乐的影响力。一种糅合纯正本土音乐和外来音乐的新音乐形式出现。一位天才的音乐家创造了这种音乐形式，并在后来成为了利比里亚的文化使者。

利比里亚的音乐使者

20世纪70年代以来，利比里亚培养了一批优秀的音乐家。他们成为利比里亚的文化使者。著名音乐家包括：沃伊（Woyee）、杰克·迪（Jake D）、纳赛尔·苏凯（Naser Sokay）、卡尔文·沃德（Calvin Ward）、哈瓦·摩尔（Hawa

Moore)、迪高特（Dehcont）以及米阿塔·法恩布勒（Miatta Fahnbulleh）。广为流传的歌曲包括《美味甘薯之歌》（A Yam Yam Sae）、《美丽家庭》（Beautiful Family）、《雅莫奈》（Ya Monnue），歌曲歌词优美，传达着强有力的信息。

哈瓦·黛西·摩尔（Hawa Daisy Moore）有利比里亚瓦伊族皇室血统，是一个具有天赋的歌手以及作词人。她的父亲是瓦伊族，继母是美裔利比里亚人，他们把她抚养长大。她同时受到利比里亚本土文化和西方/基督教文化的熏陶，这对于她成长为一名国际知名歌手产生巨大的影响。加入散蒂后，她全面了解到本土的音乐文化。同时她也从长辈身上学到了很多音乐知识。父亲在基督教传教士的训练下掌握了多门乐器和乐理知识，他对哈瓦有着极大的影响。父亲会弹吉他、弹三角钢琴以及吹萨克斯，还是五十年代格林伍德乐队（Greenwood Singers Band）的成员。这支乐队曾在政府的一些特殊场合上，演奏本土和外国乐队的音乐。作为音乐家的父亲，给哈瓦在音乐道路上带来了巨大的推动力。在很小的时候，哈瓦就与小伙伴们唱歌并教他们唱，那时的哈瓦就已经展露出她作曲和唱歌的天赋。

哈瓦·摩尔陪同父亲参加官方各种巡演，这帮助她进一步接受利比里亚本土文化的熏陶。居住在利比里亚首都蒙罗维亚和大角山，这让她熟悉了美裔利比里亚的教会音乐、来自非洲其他国家和美国的流行音乐。很快，年轻的哈瓦就可以给广播和电视录制利比里亚的流行歌曲和自己创作的歌曲。她还组织了一个由40名在校女生组成的乐队。利比里亚的基督教会和国家广播、电视都播放过她们的作品和歌曲。哈瓦在电视和音乐会上的频繁亮相，使她在利比里亚声名鹊起。

1977年哈瓦与南非著名音乐家米利亚姆（Miriam Makeba）相遇，这是她音乐事业的转折点。米利亚姆签约哈瓦，作为自己南非巡演的后备歌手。在回到利比里亚之后，哈瓦录制了自己的歌曲。其中最后的几首歌在1989年利比里亚跌入长期危机前发行。1991年，哈瓦逃离到美国，在她的丈夫及5个孩子的支持下继续她的音乐事业。1994年，她成立了"阿克庞达亚"（Akpandayah）剧团，向美国观众展现西非音乐和舞蹈。哈瓦在各种音乐及舞蹈节目中担当主演，包括"费城民歌计划"中的"费城的非洲舞蹈"（Philly Dance Africa program of the Philadelphia Folklore Project）等节目。哈瓦·摩尔一直都活跃在教会、社区活动、音乐会和非洲音乐研讨会上，她努力将利比里亚的文化通过生动的表演呈现在世人面前。

乔·沃伊（Joe Woyee）是利比里亚另一位著名的文化大使。他是一名鼓手、作词人、歌手、制作人和作曲家。沃伊出生和成长在希诺州的格林维尔。父母接受的都是西方的教育，在父母的影响下，沃伊从小便学会了弹吉他，小学时就参与组建了奇妙的开创者（Fantastic Beginners）乐队。在父母搬到首都蒙罗维亚后，他的音乐事业得到了进一步的发展。此后，他加入了另一支学生乐队——"绿色土地的孩子"（Children of the Green Acres），他在乐队中担任鼓手。乐队因创作纯正的利比里亚流行音乐而出名。

1980年，沃伊搬到了美国，定居明尼阿波利斯市（Minneapolis），并且参与成立了一支国际乐队——加里奥斯

(Karios),这支乐队演奏的是一个独特的音乐类型——雷鬼乐(reggae)[4]。之后,他又加入到其他的音乐团队之中,并成立了"走出非洲"(Out of Africa)乐队。作为一名多才多艺的艺术家,沃伊除了为这两支乐队创作歌曲,还为"利比里亚之声"乐队制作音乐,也为利比里亚流行音乐组合孟日(Monge)乐队写歌。他对音乐的主要贡献在于他将各种音乐类型——布鲁斯、乡村勃鲁斯音乐(funk)、轻爵士乐(smooth jazz)、加勒比和非洲音乐(Caribbean and African music)融合在一起,创作出属于他自己的"节奏和韵律"。

天才的夫妻杰克·大伊努阿(Jake Daynuah)和纳赛尔·搜卡伊(Naser Sokay)则是利比里亚文化大使的另类代表。杰克兼歌手和打击乐器手。他的音乐结合了从东非和西非的各种乐器和风格。纳赛尔身兼歌手和作词家,她嫁给了杰克。纳赛尔创作了一个名叫索卡(Sokey)的音乐流派。索卡是1998年纳赛尔在美国发行的个人专辑的名称。当然,除了他们的婚姻成为一段佳话,这对音乐人的特别之处是他们致力于在美国发扬光大利比里亚音乐。他们还与乔·沃伊合作,在明尼苏达创立了肯佐(Kinzo)音乐工作室。在美国制作和推广利比里亚的音乐。他们的目标是让兴起于80年代、而后被内战中断的利比里亚音乐得到复兴。

或许,利比里亚最有名的音乐家应该是米阿塔·范布勒(Miatta Fanbulleh)。她的音乐红遍西非甚至其他地区。作为一位利比里亚大使的女儿,米阿塔从小便生活在优越的家庭,而这让她接受了最好的教育,并拥有开阔的视野。然而,保守的(穆斯林)家庭的约束和精英背景,使她无法完全释放自己的音乐天赋。1968年，米阿塔来到美国开始音乐事业，中间有成功也有挫折。1974年在美国取得了音乐和戏剧专业学历之后，米阿塔回到利比里亚，在非洲和欧洲重新开启她的事业。她与南非的著名音乐家休奇·马塞凯拉（Hugh Masekela）合作，两人在1976年到美国巡演。她还出席了1977年尼日利亚举办的世界黑人文化艺术节（FESTAC）。在接下来的七年中，米阿塔定居英国，但是她也会时常回到非洲，在那里她成为妇女儿童权益的捍卫者。米阿塔对文化以及社区发展所作出的贡献在1990年得到了充分的认可——西非经济共同体任命她为亲善大使。一年之后，她的祖国利比里亚任命她为官方亲善大使。

参考文献

Bender, Wolfgang. *Sweet Mother: Modern African Music*. Chicago: University of Chicago Press, 1991.

本德尔，沃尔夫冈：《甜蜜母亲：现代非洲音乐》，芝加哥：芝加哥大学出版社，1991年。

"Culturalpartnerships. org-Hawa Moore," http://www.culturalpartenerships.org/ontour/hawamoore.asp, accessed May 30, 2005.

Culturalpartenerships. org-哈瓦·摩尔，http://www.culturalpartenerships.org/ontour/hawamoore.asp，2005年5月30日。

DjeDje, Jacqueline Cogdell. "West Africa: An Introduction." In *Turn Up the Volume: A Celebration of African Music*, ed. Jacqueline Cogdell DjeDje. Los Angeles: Fowler Museum of Cultural History, 1999, pp. 140~168.

杰杰，杰奎琳·科格德尔：《西非导论》，参见《回顾历史：非洲音乐的庆典仪式》,主编：杰奎琳·科格德尔·杰杰,洛杉矶：福勒文化历史博物馆,1999 年,第 140～168 页。

"Joe Woyee," http：//www. cla. umn. edu/twocities/rprojs/Liberian. asp, accessed May 30, 2005.

《乔·沃伊》,http：//www. cla. umn. edu/twocities/rprojs/Liberian. asp, 2005 年 5 月 30 日。

Maxwell, Heather A. "West Africa：When the Xylophone Speaks." In *Turn Up the Volume：A Celebration of African Music*, ed. Jacqueline Cogdell DjeDje. Los Angeles：Fowler Museum of Cultural History, 1999, pp. 58～67.

麦克斯韦,希瑟·A.：《西非：当木琴弹唱之时》,参见《回顾历史：非洲音乐庆典仪式》,主编：杰琳·科格德尔·杰杰。洛杉矶：福勒文化历史博物馆 1999 年,第 58～67 页。

Monts, Lester P. "Conflict, Accommodation, and Transformation：The Effect of Islam on Music of the Vai Secret Societies," *Cahiers d'Etudes Africaines* 95, no. 24～23（1984）：321～342.

芒茨,莱斯特·P.：《冲突、调节和转变：伊斯兰教对瓦伊族神秘社团音乐的影响》,非洲研究杂志 95,第 24～23 期（1984 年）：第 321～342 页。

——. "Social and Musical Responses to Islam among the Vai during the Early Twentieth Century," *Liberian Studies Journal* 15, no. 2（1990）：108～124.

——.《20 世纪早期瓦伊族社会和音乐对伊斯兰教的回应》,《利比里亚研究》15,第 2 期（1990 年）：第 108～124 页。

——. "Ritual, Lore, and Music in the Pre-Islamic Vai Funerary Sequence," in *Turn Up the Volume：A Celebration of African Music*, ed. Jacqueline Cogdell DjeDje（Los Angeles：Fowler Museum of Cultural History, 1999）, pp. 78～89.

——.《前伊斯兰教下瓦伊族葬仪中的礼仪、学问和音乐》,载《回顾历史：非洲音乐的庆典仪式》，主编：杰奎琳·科格德尔·杰杰，洛杉矶：福勒文化历史博物馆，1999年，第78~89页。

——. "Islam in Liberia," in *the Garland Handbook of African Music*, ed. Ruth M. Stone（New York：Garland, 2000），pp. 51~73.

——.《利比里亚的伊斯兰教》，出自《非洲经典音乐选集》，主编：露丝·M. 斯通（纽约：加兰，2000年），第51~73页。

Moore, Bai T. "Categories of Traditional Liberian Songs," *Liberian Studies Journal* 2, no. 2（1970）：117-137.

摩尔，拜·T.：《利比里亚传统歌曲的分类》，《利比里亚研究》2，第2期（1970年），117~137页。

"Music of Liberia biography. ms," http：//www. biography. ms/Music_of_ Liberia. html, accessed May 30, 2005.

"利比里亚的音乐传记"，http：//www. biography. ms/Music_of_ Liberia. html, 2005年5月30日。

Schmidt, Cynthia. "Kru Mariners and Migrants of the West African Coast." In *the Garland Handbook of African Music*, ed. Ruth M. Stone. New York：Garland, 2000, pp. 94~106.

施密特，辛西娅：《克鲁族水手和西非海岸移民》，载《非洲经典音乐选集》，主编：露丝·M. 斯通（纽约：加兰，2000年），第94~106页。

Stone, Ruth M. "A Musical-Dramatic Folktale of the Kpe lle," *Liberian Studies Journal* 4, no. 1（1971~1972）：31~46.

斯通，露丝·M.：《克佩尔族的音乐戏剧式的民间故事》，《利比里亚研究》4，第1期（1971~1972年）：第31~46页。

"A World in Two Cities：Kinzo Music Works," http：//www. cla. umn. edu/twocities/rprojs/Liberian. asp, accessed May 30, 2005.

《两个城市中的不同世界：肯佐音乐工作室的音乐作品》，http：//www. cla. umn. edu/twocities/rprojs/Liberian. asp, 2005年5月30日。

第八章 音乐和舞蹈

注 释

1 莱斯特·芒茨,《冲突、调节和转变：伊斯兰教对瓦伊族神秘社团音乐的影响》,《非洲研究杂志》95,第 24～3 期（1984 年）：第 338 页。

2 关于这个主题的大多数讨论可以参见拜·摩尔的《利比里亚传统歌曲的分类》,《利比里亚研究》2,第 2 期（1970 年）：第 117～137 页。这部分歌曲仅从上述这本书中摘取了很少一部分,当然此处引用已经得到了作者的同意。

3 这首歌的戈拉族语和英文版本来自于多雷斯·欧福礼·柴普斯（Dorith Ofri-Scheps）,《拜·摩尔的诗歌和利比里亚的身份：献给祖先》,《利比里亚研究》15,第 2 期（1990 年）：第 32～33 页。

4 也译作雷吉音乐,雷鬼乐是早期牙买加的流行音乐之一,它不仅融合了美国节奏蓝调的抒情曲风,同时还加入了拉丁音乐的热情。——译者注。

术语表

Aladura：阿拉杜拉，一个基督教派，意思是"祈祷的人"（约鲁巴语，一种主要在尼日尼亚西部讲的语言）。

Alhadj：哈吉，已经去麦加市和麦地那朝过圣的穆斯林。

Anyun juwa de：织工（戈拉族）。

Bala：木琴（克佩尔族语）。

Bilite：传统的医治骨头受伤的人或者骨科医生（曼丁哥语）。

Blokila：一副拥有两个突出的牛角的面具。

Bogaa：土著的稻米（克鲁语以及巴萨语）。

Boo：长笛（克佩尔族语）。

Boubou：妇女穿的既大又宽松的裙子，像睡袍一样。

Bugle：丹族面具的一种类型。

Cire perdu：一种失传的用黄铜铸造工艺。

Dandai：坡罗（Poro）的主神，森林神灵（洛马族和格班迪族）；参见 Landa/landai。

Deangle：丹族面具的一种类型。

Dendia：丹迪雅，一种世俗的歌曲（德伊族）。

术语表

Du：守护神或保惠师，每种生物背后的力量［相当于丹族的"尼米"（neme）］。

Dudane：较低级别的神灵。

Fanga/tandegi：一种乐器，用于演奏军乐（贝尔族）。

Foofoo：一道广受欢迎的菜，用木薯粉加工制作。

Gbo：丧葬挽歌（吉奥族）。

Gihn：传讯鼓。

Gle：格立，拥有强大力量的森林之神，可以赋予面具力量（丹族和吉奥族）。

Gle va：大格立神（丹族面具）。

Ifa mo：依法莫，秘密地；字面意思是："不要说出来"。

Jinna：神灵。

Jollof rice：交洛富米饭，一道由稻米做成的佳肴；用白色大米混合了流行于西非的各种调味料。

Kamba/Kangmba：康穆巴或康格穆巴，至高无上神（瓦伊族）。

Kanya/Kanyah：坎亚或坎亚哈，一种由大米、花生和糖做成的美味小吃。

Karamoko：卡拉莫科，伊斯兰教神职人员。

Kembe：肯彼，字面意思指叔叔（坡罗的音乐指导者，男性中的肯盖）。

Kengai：肯盖，掌管散蒂音乐活动的瓦伊族妇女，她们是音乐和舞蹈专家。

Kolako or Baa：考蜡考或巴，世俗歌曲（巴萨族）。

Kongoma：康高巴，土著的手卷钢琴。

Kpokpo：可颇可颇，一种土著的布料。

Kuu（or demu）：吉奥族的协同劳动团体。

Kwii：西方的或现代的。

Landa/landai：坡罗重要的森林之神，参见 dandai。

Lappa：披巾或裙子（一种包裹着妇女的腰和腿的服装）。

Lemgbe：莱姆格博，世俗歌曲（戈拉族）。

Lime：木雕人像。

Mabole：具有强大灵力的妇女（门迪族）。

Ma go：玛格，小型面具，被称为护照面具（丹族）。

Ma/ma kpon：一种流行的游戏，用玛藤的种子玩。

Meni-pelee：克佩尔族以音乐剧形式表演的民间故事。

Moriman：穆斯林巫师。

Negba：支配艺术家与其"尼米"之间关系的禁忌或风俗。

Neme：艺术家的守护神或者神灵保护者（戈拉族和瓦伊族）。

Ramadan：穆斯林的斋月。

Sasaa：葫芦藤发出的沙沙声（瓦伊族）。

Shirk：穆斯林基本教义中的一神论。

Sowei：高发髻面具。

Stepi：一种服装设计，包含一系列步骤。

Suku：瓦伊族穆斯林音乐形式（来自阿拉伯语的"感谢"，以致感恩之情）。

Suku-ba：穆斯林音乐家（瓦伊族）。

Tan：舞曲（吉奥族）。

Tombo：舞蹈（瓦伊族）。

Tuku：木鼓（克鲁族）。

Turu：侧吹号角（克佩尔族）。

Vai *Keseng*：一个真正的瓦伊族人。

Vai *Kpolo*：瓦伊文书籍。

Waya：世俗歌曲（帕里普族）。

Weplirkirgle：滑稽面具（丹族面具）。

Wunkirlone or wunkade；singular，wunkirle：因为慷慨大方而受人尊敬的妇女（丹族）。

Wunkirmian or wake mia：用于仪式的勺子（丹族）。

Yala：至高无上的存在（克佩尔族）。

Yombo：耀姆博，世俗歌曲（吉奥族）。

Yun maku he：木雕师（戈拉族）。

Yun yai ene：裁缝（在戈拉族中指会缝纫东西的人）。

Zlan：上帝（丹族）。

Zloo：赞歌（吉奥族）。

Zo：坡罗的高级祭祀（复数为 zoes）。

Zonga：拥有强大力量的巫医（克佩尔族）。

Zooba：在散蒂社团中戴面具的舞者，扮演男性祖先水神。

索 引

（索引所标页码为原书页码，见正文页边。）

Aladura，阿拉杜拉，29

Allen, C. William，艾伦·威廉姆森，41，58

American Colonization Society，美国殖民社会，1，5，10

Americo-Liberians，美裔利比里亚，4，5，13，19，22，25，28，33，35，36，38，47，74，75，80，85，111，113，119，128，140

Architecture and housing，建筑风格和住房情况，59，61，63，65，67，69，73，74，75，77，78

Art, carving/carvers，艺术、雕刻作品/雕刻师，59，61，62，63，64，65，66，67，68，69，70，71，73，74，75，77，78，87，90，121，138

Bandi，班迪，3，9，22，25，35，61，85，89，92，129，131. *See also* Gbandi，另参见"格班迪"

Bassa，巴萨，3，4，5，9，10，11，25，34，43，44，46，58，74，81，89，93，131，136，141

Belle（Kuwaa），贝利族（库瓦族），9，25，93，94，119，122，123，124，126，138

Bledsoe, Caroline H.，布莱索·卡罗琳，39，107

Blyden, Edward W.，爱德华·布莱登，48，50

Bomi（Tubmanburg），波密（塔布曼堡），5，6，16，47

Bong，邦州，5，6，13，16，46

Boone, Sylvia Ardyn，布恩·希尔维亚·阿戴恩，77，90

Brass casting，黄铜铸件，67，68，69

Bride price, bridewealth，彩礼、聘礼，66，92，93，94，96，97

Brooks, Angie，布鲁克斯·安吉，105，106

Buchanan，布坎南，5

Bukele, Momolu Dualu，莫莫卢·杜阿鲁·布克勒，44，134

Bush devil，灌木恶魔，9，24，25，26，27，30，33，34，37，39，60，61，63，72，85，89，94，99，116，117，121，122，129，135～137，138，139. See also Poro，另参见"坡罗"

Cassava，木薯，7，48，80，81，82，83，99，100，101，131

Christianity，基督教，21，22，24，27，28，30，31，33，35，36，37，45，48，62，91，98，117，122，127

Civilized，文明的，25，38，79，85，86，91，98，100，101，111，112，113，120. See also Kwii，另参见"Kwii"

Class，阶级，19，27，29，68，80，98，101，105，110，112，113，119，126，140

Conteh, AI-Hassan，康特·阿欧哈桑，39，90，126

Crafts，手艺，4，59，77，78，90

Cuisine，烹饪，79，80，81，83，84，85，87，89，90，109

Cuttington College，卡停顿学院，4，5，6

Dalby, David，多尔比·大卫，58

Dan，丹族，9，60，61，62，63，64，65，66，67，68，69，70，77，78，89，90，128. See also Gio，另参见"吉奥族"

Dan Masks，丹族面具，70

Dance，舞蹈，65，109，127，128，129，131，132，133，135，136，137，138，139，140，141，142，143，145

David, Soniia, 大卫·索尼亚, 91, 107, 126

Daynuah, ake (Jake D), 大伊努阿·杰克, (Jake D), 142, 143

D'Azevedo, Warren L., 达泽维多·沃伦, 77

Dei, 德伊族, 3, 9, 10, 129, 131, 134, 135

Dendel, Esther Warner, 邓德尔·埃丝特·华纳, 78, 90,

Doe, Samuel K., 多伊·塞缪尔·卡尼翁, 2, 5, 14, 15, 16, 18, 23, 24, 30, 54, 55, 105, 106, 115, 120

Dress, 裙子, 35, 41, 45, 68, 71, 79, 80, 81, 83, 84, 85, 86, 87, 88, 89, 109, 111, 112, 118, 133; indigenous, 土著的裙子, 71, 112; Western, 西方的裙子, 85, 86, 112

Du (Dan), tutelary spirit, "杜"（丹族）, 守护神, 24, 26, 61, 62, 65, 66

ECOMOG, 西非停火监视团, 2, 15, 16

ECOWAS, 西非国家经济共同体, 2, 15, 16, 18, 144

Education, 教育, 4, 5, 13, 44, 51, 104, 105, 106, 107, 110, 111, 113, 116, 117, 118, 143; formal, 正式教育, 28, 31, 32, 35, 42, 43, 62, 98, 101, 102, 117; indigenous, 130; Islamic, 伊斯兰教育, 32, 43, 117

Ellis, Stephen, 埃利斯·斯蒂芬, 21, 39

Etiquette, 礼仪, 116, 119

Fahnbulleh, Fatima Massaquoi, 法布勒赫·法蒂玛·马萨奎, 101, 104, 105, 107

Fahnbulleh, Miatta, 法布勒赫·米阿塔, 142, 143

Fernando Po, 费尔南多波岛, 52, 132

Firestone, 燧石, 12

Folktales, 民间故事, 45, 48, 121, 128, 129

Foofoo, 富富, 81, 82. *See also* Cuisine, 另参见"美食"

Football，足球，81，82。*See* Soccer，参见"英式足球"

Fraenkel，Merran，弗兰克尔·莫让，126

Freemasonry，共济会，22，23，30，36，37

Funeral rites，丧葬仪式，122

Games，游戏，72，121，129，130

Gbandi，格班迪，3，9，22，25，35，61，85，89，92，129，131。*See also* Bandi，另参见"班迪"

Gbarnga，邦加，5，6，34，75

Gender，性别，49，62，65，91，92，93，95，97，99，100，101，102，103，105，107，113，126，129

Gio，吉奥族，3，9，24，26，34，60，64，70，128，129，130，131，135，142。*See also* Dan，另参见"丹族"

Gola，戈拉族，3，9，10，11，22，25，35，43，47，59，60，61，62，63，64，71，72，74，77，85，86，89，93，121，129，131，132，133，135，139，141，144

Grand Bassa，大巴萨州，5，11

Grand Cape Mount，大角山州，16

Grand Gedeh，大吉德州，13，16，132，136

Grand Kru，大克鲁州，16

Grebo，格雷博族，3，9，11，25，28，37，43，92，93，100，122，129，130，138

Greenville，格林维尔，5，142

Hairstyles，发型，66，70，88，89

Harper（Cape Palmas），哈珀（帕尔马斯角），4，5，6，28

Holsoe，Svend，斯文·霍尔索，39，78，126

Initiation rites，入会仪式，89，93，99，116，117，121，129，135，

136，137，139，142

Islam，伊斯兰教，21，22，27，32，33，34，35，36，39，42，43，45，48，50，62，85，96，98，101，117，122，123，126，127，138，139，144

Johnson，Jangaba S. M.，约翰逊·詹加巴·S. M.，45，48，126
Johnson，Prince Yormie，普林斯·耀米·约翰逊，5，6，121
Johnson-Sirleaf，Ellen，约翰逊·瑟利夫·艾伦，17，105，106
Jollofrice，交洛富米饭，80，83

Karamoko，卡拉莫科，32，42，43
Kissi，基西，3，9，43，60，71，72，85，96
Konneh，Augustine，孔内尔·奥古斯丁，39，58
Kpelle，克佩尔族，3，4，9，25，27，28，32，34，35，39，42，43，46，58，74，83，91，92，93，95，96，99，103，104，107，111，112，116，117，123，126，128，129，136，137，141，145
Krahn，克兰族，3，4，93
Kru，克鲁族，3，9，11，12，16，81，113，114，128，129，131，138，140，141，145
Kwii，奎伊，38，120. *See also* Civilized，另参见"文明的"

Ladles，ceremonial，仪式性的汤勺，65，66，69
Lappa，lappalonians（wrapper），披巾、包裹布或裙子，73，79，85，86，88，112
Ldamie，兰达迈，67，69，70
League of Nations，国际联盟，12，52
Leisure，闲暇，88，110，114
Leopards，Leopard Society，豹子、豹子社团，24，26，121，123，124，134，138. *See also* Totems，另参见"图腾"

Levy, Patricia, 列维·帕特里夏, 19, 78

Liberian pidgin, 利比里亚洋泾浜英语, 104, 110, 113

Liberians United for Reconciliation and Democracy（LURD）, 利比里亚人和解与民主联盟（利民联）, 6, 18

Literature, Liberian, 利比里亚文学, 42, 47, 48, 49, 50

Lofa, 洛法州, 13, 16, 35, 119, 120, 130, 136

Loma, 洛马族, 3, 4, 9, 25, 28, 33, 42, 43, 46, 58, 61, 89, 96, 116, 134, 138, 141

Mandingo, 曼丁哥族, 3, 4, 10, 16, 22, 25, 32, 33, 34,, 35, 39, 42, 71, 85, 87, 96, 117, 141

Maryland County, 马里兰州, 6, 50

Masonic Lodges, 共济会社, 22, 23, 30, 36, 37, 119. See also Freemasonry, 另参见"共济会"（Freemasonic）

Media, Liberian, 利比里亚媒体, 4, 41, 43, 50, 53, 55, 56, 57, 58, 113, 125

Mende, 门迪族, 3, 9, 25, 58, 60, 71, 72, 77, 88, 89, 90, 99, 104, 129, 135, 139

Monrovia, 蒙罗维亚, 2, 4, 5, 6, 10, 15, 16, 18, 24, 25, 29, 31, 33, 35, 41, 49, 51, 55, 74, 75, 76, 77, 86, 101, 102, 103, 109, 110, 111, 112, 114, 126, 140, 142, 143

Monts, Lester P., 芒茨·莱斯特, 144

Montserrado（also Mesurado）, 蒙特塞拉特州（另参见"梅苏拉多"）, 5, 10, 11, 12, 111

Moore, Bai Tamia Johnson, 摩尔·拜·蒂米亚·约翰逊, 47, 48, 49, 107, 126, 141, 144

Moore, Hawa Daisy, 摩尔·哈瓦·黛西, 142, 144

Moran, Mary H., 莫兰·玛丽, 91, 107, 126

Music: indigenous, 音乐：本土音乐, 31, 121, 128, 135, 136,

137，138，141；Islamic，伊斯兰音乐，139，140；modern，现代音乐，128，140

Musical Instruments，乐器，63，138，139

Muslim clerics，穆斯林神职人员，32，33，42，43，117. *See also* Karamoko，另参见"卡拉莫科"

National Patriotic Front of Liberia（NPFL），利比里亚全国爱国阵线，15，16，17，18，26

Negba，尼格巴，61. *See also* Dan，另参见"丹族"

Neme，尼米，24，26，61，62，63，65，66，72. *See also* Du；Gola，另参见"杜""戈拉族"

Never-die Christians，不死的基督徒，36. *See also* Sleboe, Richard K.，另参见"理查德·斯利卜"

Newspapers，报纸，44，50，51，52，53，54，55，56，57，115，118. *See also* Press，另参见"新闻界"

Nimba，宁巴州，13，15，16，26

Nyei, Mohammed B.，穆罕默德·奈叶，41，58

Occupation，职业，11，118，129

Ofri-Scheps, Dorith，多雷斯·欧福礼·柴普斯，58，107，109，126，144

Palipo，帕里普族，131，132，136

Pentecostal Christians，五旬宗，31

Peoples Redemption Council（PRC），人民拯救委员会，14，15

Perry, Ruth，佩里·露丝，17，105

Pidgin, Liberian，利比里亚式混杂语，4，49，104，110，113

Political culture，政治文化，109，124，125，126

Poro，坡罗，9，24，25，26，27，30，33，34，37，39，60，61，

63,72,85,89,94,99,116,117,121,122,129,135,136,137,138,139. See also Bush devil; Vai,另参见"灌木恶魔";"瓦伊族"

Press, Liberia,利比里亚新闻界,11,41,44,50,53,54,55,56,57,58,115. See also Newspapers,另参见"报纸"

Prestige,声望,9,10,46,60,61,66,71,99,107,118

Quiwonkpa, Thomas,奎翁卡帕·托马斯,15,55

Quran,古兰经,34,42,43,45,117,140. See also Islam,另参见"伊斯兰教"

Quranic education,经堂教育,35,43

Religion:Christianity,宗教:基督教,21,22,24,27,28,30,31,33,35,36,37,45,48,62,91,98,117,122,127;indigenous,本土宗教,22,26,27,29,33,117;Islam,伊斯兰教,21,22,27,32,33,34,35,36,39,42,43,45,48,50,62,85,96,98,101,117,122,123,126,127,138,139,144

Religion and medicine:and state,宗教、医学和国家,38,39,90,126

Revolutionary United Front(RUF),革命联合阵线,2

Rice,米饭,7,9,38,65,66,69,73,79,80,81,82,83,84,82,94,95,99,100,101,116,121,122,123,129,130,131,135,139,141

Roberts, Joseph Jenkins,约瑟夫·詹金斯·罗伯茨,28,36,74

Robertsport,罗伯茨港,47

Rogers, Sr., Momo K.,罗杰斯·莫莫,58

Roye, E. J.,罗伊·爱德华,75,111

Sande,散蒂,9,25,27,30,37,39,49,60,61,63,89,93,99,105,116,117,121,122,129,135,136,137,138,139,142

Sankawulo, Wilton, 威尔顿·桑卡乌洛, 49

Sanniquellie, 山尼克里, 5, 6

Sasaa, 莎莎, 138, 139

Saunders, Janice M., 桑德斯·贾尼斯, 91, 106, 107

Scripts, indigenous, 土著的书写字母, 34, 43, 46, 58

Sherman, Mary Antoinette Brown, 谢尔曼·玛丽·安托瓦内特·布朗, 105

Sierra Leone, 塞拉利昂, 2, 3, 10, 16, 17, 18, 22, 58, 60, 73, 77, 78, 86, 90, 104, 113, 114, 128, 140

Sinoe, 希诺, 5, 6, 11, 16, 36, 111, 142

Sleboe, Richard K., 斯利卜·理查德 K., 36

Smyke, Raymond J., 斯密克·雷蒙德 J., 107

Soccer, 英氏足球, 71, 106, 114, 115, 116

Socialization, 社会化, 64, 103, 110, 116, 117, 118, 121, 125, 130

Somah, Syrulwa, 扫马·赛鲁瓦, 79, 90

Sokay, Naser, 苏凯·纳赛尔, 142, 143

Sowei (mask), 索维（面具）, 60, 89, 90

Spirits, 神灵, 21, 24, 25, 26, 27, 33, 38, 65, 97, 103, 104

Sports. *See* Soccer, 运动, 参见"英式足球"

Status. *See* Prestige, 地位, 参见"声望"

Stone, Ruth M., 斯通·露丝·M., 58, 144, 145

Taboos, 禁忌, 61, 81, 94, 104, 123, 124

Taylor, Charles Ghankay, 查尔斯·钢凯·泰勒, 2, 5, 8, 15, 17, 18, 37, 55, 56, 106, 107

Tolbert, William R. Jr., 威廉姆森·托尔伯特, 13, 14, 23, 24, 28, 30, 37, 38, 49, 53, 81, 85, 105

Totems, 图腾, 24, 123

Traditional marriage, 传统婚姻, 92, 93, 95, 97

True Whig Party，真辉格党，14，22，51，52，111

Tubman, William V. S.，塔布曼·威廉姆森 V. S.，6，13，23，28，30，38，48，53，85，105，111，132

United Liberation Movement for Democracy in Liberia（ULIMO），利比里亚联合民主解放运动，16

United Nations，联合国，2，48，105，106

United States，美利坚合众国，1，4，5，10，14，15，22，28，37，38，44，47，48，49，50，81，104，105，113，115，118，142，143

University of Liberia，利比里亚大学，4，5，15，44，45，49，57，75，105

Urbanization，城市化，101，110

Vai，瓦伊（Vai），3，4，9，10，22，25，27，32，33，34，35，39，41，42，43，44，45，46，47，49，50，58，60，62，71，72，85，89，92，96，101，104，105，107，121，123，126，127，129，130，132，134，135，138，139，140，141，142，144

Weah, George，乔治·维阿，106，114，115

Weaving，织造，9，59，71，72，73，77，78，85，90，116

Wesley, Patricia Jabbey，韦利斯·帕特里夏·杰比，49

Witchcraft，巫术，25，67，122

Worldview，世界观，21，22，23，24，25，26，27，31，38

Woyee, Joe，沃伊，乔，142，143，144

Yekepa，耶凯帕，5，6

Zlan，哲朗，61，68，69

Zoo/Zoo-ba，动物园，5，9，137，139

213

关于作者

阿佑德吉·奥鲁库举（Ayodeji Olukoju）是尼日利亚拉各斯大学历史学教授，著有《非洲西部的"利物浦"：拉各斯海上贸易的动力与影响，1900~1950》。